U0856501

基于村镇银行的中国农村金融制度创新研究

The Research of Chinese Rural Financial System Innovation Based on Village Banks

伍虹儒　著

西南财经大学出版社
中国·成都

图书在版编目(CIP)数据

基于村镇银行的中国农村金融制度创新研究/伍虹儒著. —成都:西南财经大学出版社,2017. 12
ISBN 978 - 7 - 5504 - 3284 - 0

Ⅰ. ①基…　Ⅱ. ①伍…　Ⅲ. ①农村金融—金融制度—制度建设—研究—中国　Ⅳ. ①F832. 35

中国版本图书馆 CIP 数据核字(2017)第 275850 号

基于村镇银行的中国农村金融制度创新研究

JIYU CUNZHEN YINHANG DE ZHONGGUO NONGCUN JINRONG ZHIDU CHUANGXIN YANJIU

伍虹儒　著

责任编辑:何春梅
助理编辑:杨婧颖
封面设计:张姗姗
责任印制:封俊川

出版发行	西南财经大学出版社(四川省成都市光华村街 55 号)
网　　址	http://www. bookcj. com
电子邮件	bookcj@ foxmail. com
邮政编码	610074
电　　话	028 - 87353785　87352368
照　　排	四川胜翔数码印务设计有限公司
印　　刷	四川五洲彩印有限责任公司
成品尺寸	165mm × 230mm
印　　张	12. 25
字　　数	220 千字
版　　次	2017 年 12 月第 1 版
印　　次	2017 年 12 月第 1 次印刷
书　　号	ISBN 978 - 7 - 5504 - 3284 - 0
定　　价	68. 00 元

摘　要

如何向农村人口提供金融服务，是农村经济发展必须解决的问题，也是各国政府一直面临的挑战。小额信贷的实践和发展为解决这一问题提供了全新的思路，随着我国小额信贷商业化的不断推进，农民贷款难的问题得到了一定缓解。但由于正规金融机构的小额信贷缺乏可持续发展的基础，而民间小额信贷也因为外部环境的不完善变得步履维艰，我国农村金融市场的供需矛盾依然突出。村镇银行为解决农户融资难提供了新的途径。然而，一切事物的进步都需要不断地探索和总结。村镇银行成立至今，其是否发挥了应有的作用？我国现阶段农村经济结构发生巨大变化，农户的贷款从生产性向消费性转移，村镇银行的贷款产品和服务是否已经适应新的信贷需求？其小额信贷效率怎样？农户小额信贷业务还存在哪些需要改进和完善的地方？基于这样的思考，本研究在实证考察农户借贷行为的基础上，试图从信贷需求和信贷供给两方面分析村镇银行小额信贷的效率。

利用实地调查数据，本书采用计量分析方法，从微观层面上研究样本农户参与村镇银行信贷的行为。首先，采用调查问卷方法获得样本地区农户有关贷款的第一手数据，准确揭示农户信贷行为的特征。其次，在此基础上，使用需求可识别双变量 Probit 模型计量分析农户的小额信贷需求和村镇银行的信贷供给两方面因素对农户参与村镇银行信贷行为所产生的影响。

研究发现，村镇银行小额信贷效率低下，这主要是由于：在农村地区，工资收入作为家庭主要收入来源的中低收入农户普遍缺乏生产性信贷需求，其信贷需求特征可以概括为消费性、较小额度和较长期限。工资性收入负向显著影响农户的信贷需求，而非农经营收入占总收入的比例正向显著影响农户信贷的可得性，但对农户的信贷需求影响不显著。除农户家庭特征外，贷款产品与贷款程序也是影响农户信贷需求的重要原因。交易成本与风险是阻碍农户信贷需求得到有效满足的主要原因。同时，在实际运行中，由于村镇银行在小额信贷产品设计与制度安排方面的原因，小额信贷项目的瞄准目标已从贫困户向富裕户偏移，部分对小额信贷产品有需求的农户仍面临着信贷约束。

本书所得出的结论在农村地区构建可持续的农村金融体系、完善村镇银行小额信贷服务以及提高农户收入水平方面具有以下几点政策含义：首先，基于大部分农户对信贷需求以消费性用途为主的判断，农村金融政策需要做出相应的战略性调整以适应农户信贷需求的新变化，应该从发放支持小规模经营项目的生产性贷款转向消费性贷款。其次，村镇银行需要改进贷款产品、技术和方式，进一步挖掘并释放潜在的和隐藏的农户信贷需求。最后，政府应该从有助于完善农村金融市场的外部条件入手，推进劳动力市场与农村教育、医疗、社会保障以及法律制度的完善，推动农户信用制度的建立和农村信用环境的改善，其中最为关键的是农民工劳动力市场的培育与监管。

本书的创新点在于：第一，设立了评估我国农村小额信贷效率的指标体系，运用指标体系评估了我国目前农村小额信贷效率状况。第二，重点选取衡量村镇银行小额信贷效率的微观指标，通过计量分析农户参与村镇银行信贷的行为，考察村镇银行小额信贷效率的运行情况。第三，将村镇银行所在地区农户的借贷行为置于一个国别比较、历史阶段性和市场可持续、不断扩展的观察视角下，全方位地观察农户的信贷需求变化和农村金融市场的历史发展。第四，将市场培育与宏观调控纳入一个相容的体系中进行分析，分析在我国小额信贷发展中政府、村镇银行与农户三者之间的利益互动关系。

关键词 小额信贷 小额信贷效率 村镇银行

Abstract

How to lend to rural households is an important problem for the development of rural economy. And it is also a challenge for governments in all countries. The practice and development of small credit offers a brand-new thinking for solving this problem. With the commercialization of small credit in China, the problem of rural loan has been solved to a certain extent. However, the loans in small amounts of formal rural financial institutions lack the base of sustainable management, and informal small credit is limited due to the exterior imperfect condition. Therefore, the demand and supply of small credit is still not equal. Village banks are new ways to solve this problem. But will they play an important role in rural loan or not? And do they meet the new demand of funds because of the change of rural economy structure? How is the small credit efficiency of their? What kind of service and product do they improve? Based on the background above, this thesis analyzes empirically rural households' borrowing behavior, and then discusses the operation of small credit in village banks from two sides of the credit demand and credit supply.

With first-hand survey data, the thesis applies methods of econometrics to investigate empirically rural households' borrowing behavior to village banks. Firstly, the author uses a self-designed questionnaire to obtain the data of rural households' loan in the surveyed regions, which reveals the character of their demand for credit. Secondly, demand-identified Bivariate Probit model is employed to analyze the impacts of rural households' demand for small credit and village banks' credit supply on rural households' borrowing behavior to village banks.

It is found that small credit efficiency of village banks is low. The causes of low efficiency are as follows. Middle-and lower-income households in rural areas whose income is mostly made up of wage are lack of demand for production credit. The feature of their credit demand can be summarized as non-production, smaller credit amounts and longer credit terms. Increased wage income reduces the probability of rural households' credit demand, and non-farm income does not impact credit demand but credit access. Besides household character, credit products and loan procedure also affect credit demand. Transaction cost and risk impede credit demand from being effectively met. Meanwhile, small credit projects of village banks don't succeed in targeting poor rural households in the surveyed areas, and some households who demand for small credit are faced with credit constraint. Why the small credit target moves from the poor upward to the rich lies in limits of small credit project' products and institution of village banks.

It is the significance of the above discoveries that would be realized for sustainable rural financial market construction, perfect small credit service of village banks and improvement of rural households' income. Firstly, based on the basic judgment of most rural households' demand for consumption credit, rural financial policy-makers must adjust their strategy in order to adapt to the changes of demand for credit. The focus of the future rural finance reform should shift from supporting small-scale production project to developing consumption credit products. Secondly, village banks should make progress on credit product design, lending technology and delivery system, which helps to set free latent and hidden demand for credit. At last, the government should improve the outer environment of the rural financial market, speed up the progress of labor market, education, medical care, social security system, infrastructure construction, judicatory system and law, speed up the foundation of farmers' credit system and the progress of rural credit environment; it is the most important that government should take the responsibility of protecting and regulating labor market.

The innovation points of the thesis are as follows. Firstly, the thesis establishes the index system of evaluating small credit efficiency in Chinese rural areas, and analyzes small credit efficiency in Chinese rural areas by adopting the index system. Secondly, to analyze small credit efficiency of village banks, the thesis applies the method of econometrics to study the rural households' credit behavior to village banks on the basis of adopting the representative index. Thirdly, under the cross-country, historical-horizon and market-oriented perspectives, this paper attempts to observe and understand the change of rural households' credit demand and the evolution of rural financial market in China. Fourthly, market cultivation and macro-control is discussed compatibly. And the relation of government, village banks and rural households is considered with the development of small credit in China.

Key words Small credit Small credit efficiency Village bank

目 录

1 绪论

当前实现我国经济可持续发展、构建和谐社会最为关键的是“三农”问题，而农村金融支撑力度的减弱是影响农村稳定、农业发展与农民增收极其重要的制约因素。农业作为弱质产业在市场竞争中长期处于弱势地位，农村金融难、农业融资难、农民贷款难一直是困扰我国农村发展的大问题，因此，社会主义新农村建设需要巨额资金支持。现阶段，我国政府虽然加大了对农村的资金投入力度，但由于农村金融体系的不完善性与脆弱性，资金投入很难满足新农村建设的巨大需求。小额信贷作为农村金融制度创新的产物，是加大对农村资金投入力度、解决农民贷款难问题的一种手段。但是，就我国目前农村小额信贷开展的情况来看，其效果并不令人满意。为有效缓解农户资金需求的困境，我国陆续在广大农村地区开展村镇银行的试点工作。那么，作为主要面向当地中低收入农户提供贷款的一种金融制度创新，村镇银行是否真正缓解了农户的小额信贷约束，其小额信贷效率怎样，有哪些经验教训值得总结和吸取，政府应推进哪些配套改革，这些问题亟待学术界与政策层研究和解决。

1.1 问题的提出

关于解决农村发展中的资金约束问题，一直是各国政府所面临的挑战。传统农业融资理论认为，农村居民，特别是贫困阶层没有储蓄能力，面临的是资金不足问题，同时由于农业的产业特性（收入的不确定性、投资的长期性、低收益性等），它也难以成为以利润为目标的商业银行的融资对象（张元红 等，2002）[1]。因此，为增加农业生产和缓解农村贫困，有必要从农村外部注入政策性资金，并建立非营利性的专门金融机构来进行资金分配（Adams et al.，1979）[2]。然而，国内外的实践和大量的研究表明，政府以贴息方式和向农村人口提供金融服务的政策并不成功，其成本昂贵且在农户这一层面的效果甚微（Jacob et al.，1997）[3]。而且，这种政策最终使得利率补贴的利益主要由富人攫取，而穷人很难从中受益（Jacob et al.，1998；Chan et al.，1987）[4,5]。因此，政府补贴信贷被认为是解放农村发展资金约束问题的一次不太理想的尝试（Robert et al.，1993；William，1993）[6,7]。于是，由提供借款的非政府组织（Non-governmental Organization，NGO）创造和发展起来，后来被正式金融机构开展的小额信贷在很大程度上填补了这一空缺。在我国，始于 1994 年的小额信贷试验拉开了我国小额信贷事业的帷幕。历时十多年来，其在扶贫方面发挥了重要作用。尤其是近年来，小额信贷业务引入农村信用社中，对缓解农村信贷难的问题起到很大作用。然而，由于我国的小额信贷自身及外部环境的不完善，很多农村地区的小额信贷没有从根本上缓解农户贷款难的问题，农户往往是依靠其他融资渠道解决资金问题。小额信贷的可得性是影响发展中国家贫困农户提高收入水平和生活水平的关键要素之一。众多学者普遍认为，农户缺乏信贷资金所产生的负面影响将会直接或间接地波及到农户的技术选择、生产效率以及反映福利水平的食品安全、营养与健康的方方面面（Rutherford，1999；Bell，Srinivasan et al.，1997）[8,9]。现阶段的我国农村金融市场，普遍存在农户小额信贷的约束问题。同时，在新的历史阶段农户小额信贷需求的变化对农村金融市场发展提出新的挑战。尽管我国的小额信贷发展多年，但仍没有实现较高的覆盖率和机构的可持续发展（Ross，1997；Petrick，2005）[10,11]。农村信用社农户小额信贷的运行机制规范性差，农村金融市场缺少多样化、经营灵活的金融机构，没有形成有效的竞争格局（魏农建，2002）[12]。

农村经济和金融的发展获益于多元化的农村金融服务提供者（陈锡文，2004）[13]。小额信贷作为一种比较理想的针对农村金融市场特点的金融创新模式，已经成为农村金融体系中最重要的一个组成部分。然而，就我国目前农村小额信贷开展的情况来看，其效果并不令人满意。为有效缓解农户资金需求的困境，我国陆续在广大农村地区开展村镇银行的试点工作。村镇银行的设立扩大了农村金融服务的覆盖面，是农村金融市场多元化和更加开放的重要一步。村镇银行从建立之初，就被人们寄予了很多期望。那么，作为主要为当地中低收入农户提供贷款的一种金融制度创新，村镇银行是否真正缓解了农户的小额信贷约束，其小额信贷效率怎样，有哪些经验教训值得总结和吸取，政府应推进哪些配套改革。正是对这些问题的思考，本书选择了“基于村镇银行的我国农村金融制度创新研究”为题展开探讨。

1.2 国内外文献回顾

1.2.1 国外文献回顾

就所接触的文献而言，国外对小额信贷的研究大致可以分为如下几类：①案例研究，主要对小额信贷的一些“领先者”展开调查和研究，同时还对一些“试点”和“复制”项目进行跟踪研究；②理论研究中Stiglitz（1990）、Besley 和 Coate（1995）等人沿着农村金融补贴理论、农村金融市场论及不完全竞争论这条线索展开，借鉴微观经济学、金融学和银行学的最新进展，尤其是信息经济学、博弈论、代理理论对小额信贷的运行发展展开分析[14,15]；③影响分析，主要评价小额信贷项目对其参与者和金融市场结构的影响，研究方法主要包括“准试验”方法和计量经济方法（Kurmanalieva et al.，2003；乔安娜·雷戈伍德，2000）[16,17]。

1.2.1.1 小额信贷理论研究：从扶贫到商业化

20世纪80年代以前，在农村金融理论中占主导地位的是农业信贷补贴论（Subsidized Credit Paradigm）和农村金融系统论（Rural Financial Systems Paradigm）。前者主张从农村外部注入低息的政策性资金，并通过建立非营利性的专门金融机构来进行资金分配。后者则认为低息政策妨碍了人们向金融机构存款，抑制了金融的发展，反对政策性金融对市场的扭曲，强调储蓄动员和利率的市场决定机制在农村金融发展中的意义。

20世纪80年代末以来，人们认识到培育有效率的金融市场，仍需要一些社会性的、非市场的要素去支持它。Stiglitz（1990）的不完全竞争市场论就是其中一个，该理论以发展中国家的金融市场是不完全竞争市场这一判断为出发点，强调有必要采用诸如政府适当介入金融市场以及借款人的组织化等非市场要素，以利于金融市场的培育[14]。

对于发展中国家金融市场的不完全竞争性，以及正规金融机构所存在的信贷配给问题，1970年，Akerlof在其关于“柠檬市场”的那篇经典论文中，提出了以分析市场机制不完善为核心的逆向选择理论。他从旧车市场出发，分析了由于买主和卖主对旧车质量信息的非对称分布，将导致低质量车将高质量车逐出市场的逆向选择现象。随后Akerlof将其用于分析贷款市场，同样发现存在着逆向选择的问题，即位于中心城市的大银行可能最终会容易选择违约可能性较大的借款者。而非正规的金融，如高利贷，小额信贷则可以利用其对贷款者信息的充分了解，很好地解决这个问题。透过这一现象，Akerlof 较早地注意到了由于信息不对称所导致的这种信贷活动困境。

1981 年 Stiglitz 和 Weiss 在其有关信贷配给问题的一篇重要文章中证明了由于逆向选择和道德风险的存在，即使在均衡状态下，信贷市场也会出现信贷配给现象[18]。所谓的信贷配给，是指在无差别的借款者中，一部分人得到了贷款，而另一部分人即使愿意支付更高的利率也得不到贷款；而且，无论贷款多么充足，也总有一些人在任何利率水平下都无法得到贷款。

这些理论为小额信贷组织为许多低收入的发展中国家的建立提供了依据。目前小额贷款组织在许多国家都得到了迅速的发展与成功，如玻利维亚、孟加拉国和印度尼西亚等国。这些小额信贷的基本操作的模式是：通过吸收小额信贷客户的自愿性储蓄，推行面向客户的小额信贷。但是这种发展模式与外部资金支持并不矛盾，外部资金可以在启动期投入，而经过一段时间后撤出，小额信贷组织将在吸收客户自愿储蓄下独立运作。

目前，小额信贷的商业化已经成为国际小额信贷发展的新趋势。国外学者对此主要从两方面进行了比较充分的研究：一是原有开展小额信贷的非政府组织如何实现商业化，如何转变为正规金融组织；二是转变为正规金融机构开展小额信贷业务的条件以及怎样开展小额信贷。

对于前者的研究主要包括：Binswanger 和 Rosenzweig（1997）对拉美国家小额信贷业务商业化问题的探讨。在拉美国家，小额信贷的商业化已经走到了世界的前列，许多实施小额信贷的非政府组织（NGO）已经转变为正规金融机构。他们的研究认为，这种转变主要是基于小额信贷可持续发展的考虑[19]。由于 NGO 并不是真正的金融机构，无法开展存款和其他的金融服务，利用捐助和资助资金开展业务受到较多的限制，因此越来越多的NGO开始寻求转变为正规金融机构以扩大业务规模获得盈利。Townsend（2003）的研究认为，在小额信贷领域，NGO转变为正规金融机构主要是为了确保机构的可持续发展，为了扩展业务获得盈利[20]。Moffitt（2000）系统地分析了NGO的转变问题，通过对亚洲、非洲和拉美地区已经或正在转变得NGO的考察，研究了NGO转变的动机以及转变过程中面临的主要问题[21]。

对于后者，在1996年11月，来自16个国家的17个正规金融机构在美国就“商业银行（正规金融机构）开展小额信贷的问题”进行专门研讨。研究了正规金融机构开展小额信贷业务具有的优势和面临的障碍等相关问题，并总结了参会金融机构在开展小额信贷方面的有关经验。另一个较典型的研究是Duca和Rosenthal（2000）的研究。他对发展中国家1990年以来的53家通过降低贷款规模进入小额信贷市场的正规金融机构经营小额信贷的相关经验进行了总结。他认为正规金融机构进入小额信贷领域存在许多优势，如大量的广泛的分支网络利于对市场快速渗透，在提供存款服务和支付业务方面有丰富的经验等。他还认为，由于在大多数发展中国家存在着大量的低收入人群，小额信贷市场存在的盈利空间，这对于商业银行来说也是一种吸引力[22]。

作为制度主义小额信贷倡导者，2004年12月世界银行扶贫协商小组（The Consultative Group to Assist the Poor，CGAP）在《建设普惠金融体系——捐赠人小额信贷实践指导方针》（Building Inclusive Financial System-Donor Guidelines on Good Practice in Microfinance）提出了小额信贷的基本原则、服务对象、发展历史和现状，以及目前国际最新流行的普惠金融体系（焦谨璞译）的基本概念。联合国把2005年确定为小额信贷年，一方面是强调金融体系要为所有人服务，包括穷人和微型企业；另一方面，要把小额信贷整合到金融体系当中，在法律政策和融资渠道上给予更广阔的发展空间。基于这些目标，小额信贷的发展出现了

5 个趋势：服务对象的多元化，信贷管理方式的多样化，机构和服务内容的多元化，机构规模的扩大化，机构的商业化。

1.2.1.2 小额信贷项目计量分析的文献综述

Morduch（1999）比较了孟加拉乡村银行（Grameen Bank）、玻利维亚团结银行（Bancosol of Bolivia）、印度尼西亚人民银行（Bank Rakyat Indonisia）、印度尼西亚 Kredit Desa 银行和国际社区援助基金会（FINCA）五个“旗舰”小额信贷项目（机构）的运行机制，并在此基础上将小额信贷运行机制概括为同伴选择、同伴监督、动态激励、有计划的还款计划和抵押替代[23]。

一些研究（Stiglitz，1990；Besley et al.，1995；Varian，1990；Wenner，1995）已经注意到，贷款小组成功的原因可能在于它可以更充分地挖掘潜在信息、通过分摊风险以及同伴监督来保证合约的有效实施[14,15.24,25]。Reinke（1998）的研究发现团体贷款的自我选择和自我激励机制有助于提高还款率[26]。其他一些研究（Banerjee et al.，1994；Barham et al.，1996）发现，小额信贷不同于正规信贷之处在于，它可以动员地方社区资源和知识以获得更多的相关信息来监督借款者，因而可能在较低的成本与风险水平下为受到正规市场信贷配给的家庭提供贷款服务[27,28]。

基于马达加斯加的调查数据，Zeller（1994）分析了非正规贷款者和以社区为基础的小组贷款的信贷配给。结果显示，与非正规贷款者一样，小组成员能够获得并有效使用有关借款申请者资信方面的地方信息。这两类贷款者都将借款申请者的债务责任和收入水平作为他们配给贷款的主要标准[29]。

Mushinski（1999）比较了 Guatemala 银行和 CSP 信贷协会贷款的信贷可及性。计量结果显示，信贷协会利用自身的信息优势，在一定程度上弥补了正规贷款者留下的市场缺口。与银行相比，信贷协会给缺乏抵押财产的家庭提供贷款，使资产水平更低的家庭享受到了信贷服务。此外，该研究证实了将提前自我实施信贷配给的家庭纳入经验分析中的重要性[30]。

Barham, Boucher 和 Carter（1996）利用危地马拉 950 个小规模生产者的调查数据，对信贷协会缓解贫困家庭信贷约束问题进行了考察。结果表明，非价格配给在财产水平低的家庭中非常普遍；信贷协会虽然缓解了很大一部分受到银行信贷配给的群体的信贷约束，但是，没有能够缓解最低财产家庭的信贷约束[28]。Stanton（2002）注意到，当根据借款者的特征考察信贷配给问题时，如果借款申请者的自我选择改变了潜在客户的构成，研究重点将会从贷款者的放贷决策转向借款者的申请决策。他指出，采用简单 Probit 模型估计借贷决策可能会导致结果有偏，因为一些因素同时影响信贷需求决策和信贷供给决策，此时简单 Probit 模型可能会混淆这两种效应[31]。

Okurut, Schoombee 和 Van Der Berg（2005）采用能够修正样本选择偏差的 Heckman-Probit 模型分析决定贷款者信贷配给行为的影响因素。结果表明，年龄、性别、教育水平、负担率、家庭消费支出和地理位置正向显著地影响信贷需求，相比之下，年龄、性别、地理位置和财产变量对非正规贷款者信贷配给的影响是负向且显著[32]。需要说明的是，他们将“正规信贷”仅限于正规银行，其他信贷渠道（包括朋友/亲戚/社区基金，合作性信贷组/非正规组织，高利贷者/商业性企业或政府机构）均被视作非正规贷款者。尽管还缺乏比较小额信贷运行机制相对重要性的较好证据，但是，越来越多的证据表明联保贷款在本质上存在局限性（Duong et al., 2002）[33]。因此，需要对所使用的方法采取谨慎的态度，否则，小额信贷的局限性常常就会被忽视。Alexander（2001）指出，经验研究如果不能合理解决选择偏差问题，极有可能得出夸大小额信贷作用的结论，或者采用蹩脚的计量技术得出研究者“想象”出来的结果[34]。

1.2.2 国内文献回顾

在小额信贷的国内研究文献中，定性研究较多，基于调查数据的经验研究较少。这里，主要从借鉴的角度对相关文献进行评述。

1.2.2.1 小额信贷：正规化和商业化

何广文（2001）研究发现，农村的正规金融机构开展小额信贷存在较大的优势，主要表现在：资金实力更加雄厚；与信用评级制度结合，有利于农户信用观念、金融文化的培育；贷款的直接成本和间接成本均较低等[35]。吴国宝（2003）认为，由于正规金融机构在争取小额信贷发展的合理规章和政策环境方面都具有优势，他们（主要指农村信用社）很可能在我国小额信贷的未来发展中扮演着越来越重要的角色[36]。汤敏（2003）认为，农村信用社小额信用贷款的发展首先是要让参与小额信贷的金融机构盈利，这是这些金融机构愿意扩大并能持续提供小额信贷的根本保证，同时要防止政府部门对小额信贷的过渡干预[37]。

陈浪南和谢清河（2002）认为小额信贷本身应当被理解为一种市场经济行为，小额信贷组织应该界定为金融中介机构，政府应提供良好的政策环境[38]。应宜逊、黄震宇和徐永良（2005）以对浙江省一些县市的调查为基础，认为由于经济体制改革尚未完成，我国小额信贷还带有较浓的“转轨”时期色彩[39]。何广文（2006）认为，我国农村信用社开展的农户小额信用贷款，可以称为孟加拉模式在我国正规金融领域的一种创新模式，对“五个注重”（客户群体培训、农户参与、信用评级、信用筛选和监督、信用文化建设）借鉴和运用是较为成功的[40]。

在小额信贷的可持续发展方面，杜晓山、刘文璞等（2001）认为规范的小额信贷，应该有两个最基本的标志：①为一定规模的穷人或中低收入客户持续提供使他们能获益的信贷服务；②实现服务机构自身的自负盈亏和可持续发展[41]。任常青（2006）等认为商业化的、以私人资本或股份制方式运作是小额信贷机构可持续运作的最佳方式，非政府组织小额信贷与私人资本和商业资本的结合是非政府组织小额信贷的最好归宿[42]。

刘大耕（1999）认为小额信贷在八十年代中后期的广泛流行与发展正是金融自由化理论，特别是金融深化理论和金融创新理论的具体成果[43]。小额信贷表面上是一种扶贫创新和组织创新，实质上是一种金融创新，是农村金融制度创新和运行机制创新的一种表现方式。汪三贵也认为，小额信贷应该是一种比较理想的针对农村金融市场特点的金融服务模式，特别是在目前我国其他常规贷款对于服务农村无能为力时，更需要通过小额信贷模式来支撑农村金融市场①（在接受《财经》采访时）。同时，刘大耕（1999）的研究表明，从合理合规角度考虑，印尼BRI的商业银行模式②可能更适合我国的国情，BRI的各种创新和巨大成功为我国现有农村金融机构，特别是为农村信用社进军小额信贷，实现小额信贷业务主流化、商业化、持续化经营提供了巨大启示[43]。

在商业化小额信贷方面，郭利华和贾利军（2007）总结了商业性小额信贷试点工作的经验，指出农村金融服务主体的多样化与小额信贷高利率的观点已被接受，商业性小额信贷仍存在融资难和成长环境不完善的问题，政府没有实行有效的监管[44]。刘春梅（2007）从小额农贷制度设计的形成机理入手，探讨小额农贷产生的必然性，从农民需求角度和现有农村金融机构供给角度，探析这种信贷形式所遇到的尴尬处境。她认为，商业性小额信贷要从农民和弱势群体的实际信贷需求出发，从经济行为的微观特征入手，以高效灵活运作的方式，真正满足基

① http://forum.xinhuanet.com/detail.jsp? id=1272776&sno=101&catid=7

② 印尼BRI可以认为是商业化运作小额信贷向农村金融领域提供金融服务的典型代表。

层个体的多元化金融服务；按照市场经济规律，营造良好的市场环境，引导民间自发性的金融组织形式，将其决定因素内生化，而不应是由政府行政力量推动的强制变迁过程；商业性小额信贷要科学合理地进行市场定位，在农业经济结构调整中现有农村金融机构仍起主导作用的前提下，为建立适应“三农”特点的多层次、广覆盖、可持续的农村金融体系真正起到“补充”和“激励”作用[45]。

针对商业化小额信贷可持续发展，钱水土和乐韵（2007）从信息经济学、现代契约理论以及资金供求等方面分析商业化可持续小额信贷的效率，并针对我国目前小额信贷可持续发展的困境，认为应该从明确定位目标群体、推进利率市场化、放宽金融机构准入标准、促进模式和组织创新等方面推进商业化可持续小额信贷发展，以服务农村经济发展的需要[46]。贾峤、杨恒和兰庆高（2007）认为，我国商业性小额信贷实现可持续发展的关键是开辟有效的融资渠道，进行非审慎性监管和人力资源的开发工作[47]。冯素萍和肖诗顺（2008）基于商业性可持续发展的视角，分析了实行低利率政策的缺陷，并对农村信用社农户小额信贷能否采用市场化定价进行了探讨。在分析影响农村信用社小额信贷业务定价的因素的基础上，提出对农村信用社的相关政策支持应考虑是否有利于形成农村信用社贷款定价能力和机制的建议[48]。

国内关于村镇银行的研究，更多地出现在2006年年底银监会颁布《关于调整放宽农村地区银行业金融机构准入政策更好地支持社会主义新农村建设的若干意见》之后。杨速炎（2007）总结了村镇银行开展小额信贷的优势，指出其面临的难题是投资风险和经营成本[49]。李莉莉（2007）认为，村镇银行的设立从根本上改变了原来对农村金融体系存量改革的思路，有利于竞争性农村金融市场的构建，能够在一定程度上缓解农村金融供需的矛盾，同时为民间资金提供了良性的发展渠道。但是由于现行的制度安排、股权设置等问题，村镇银行能否在覆盖面和可持续发展中找到平衡点还有待考察[50]。林俊国（2007）在分析村镇银行的发展机遇与面临的挑战的基础上，结合国有商业银行、农村信用社等农村金融机构的经验，认为政府应减少对村镇银行不当的行政干预，同时加强风险监管。村镇银行要建立科学合理的银行制度，因地制宜地发展[51]。刘渝阳（2007）对我国首家村镇银行——四川仪陇惠民村镇银行的业务开展情况进行了调查，认为村镇银行创新不足，支农效果不佳，资金外流是涉农商业银行机构（包括村镇银行）的理性选择。村镇银行应借鉴仪陇县乡村发展协会小额信贷模式，以实现支农目的[52]。

1.2.2.2 小额信贷项目影响分析的文献综述

郭沛（2001）的实证研究主要侧重于小额信贷项目影响力的分析。在模型处理方面，他考虑到了省略变量问题和样本选择偏差问题。同时，他指出贷款与收入之间可能会相互影响[53]。

汪三贵、朴之水和李莹星（2001）利用两轮农户抽样调查数据，采用 Logit 模型和 Tobit 模型考察草海项目参与农户的经济、社会特征。其计量经济模型的一个基本前提是，草海基金项目对参加的农户没有人为的限制，农户是否参加或能不能参加基金小组以及获得基金贷款的多少主要取决于农户在参加项目时的家庭特征。结果表明，耕地面积较多和得到过渐进计划资助的农户参加村基金小组的可能性较小；耐用消费品价值显著地正向影响农户参加村基金小组的概率；贷款数量主要取决于家庭的资产状况。其结论是，参加村基金项目的农户并不是村中最贫困的。在项目开始时，家庭财产状况较好的农户更有可能参加村基金会，并得到村基金贷款[54]。

利用 1999 年在四川省收集的数据，Li Hongbin，Roselle 和 Zhang Linxiu（2004）考察了小额信贷项目是否瞄准了穷人以及参与小额信贷项目是否提高迁移和向非农职业转移的概率。文章分别采用 Probit 模型和 Tobit 模型估计项目参与方程和贷款数额方程。他们认为，是否参与或贷款规模是家庭人口特征、家庭成员人力资本特征、户主性别、项目启动前的雇佣状况、所拥有的土地面积、家庭耐用消费品价值以及房屋价值的函数。需要说明的是，他们已经考虑到供给方的因素——根据被调查项目的实施标准，家庭耐用消费品价值和房屋价值是决定家庭贷款资格的重要因素。作为项目选择标准的两个变量，房屋价值和耐用消费品价值同时显著，且资产变量符号为负，作者对此的解释是项目工作人员在瞄准客户方面做了大量工作[55]。

利用我国小额信贷开展时间最早和持续时间最长的项目之一——扶贫经济合作社的数据，孙若梅（2006）检验了小额信贷的制度安排、技术创新与瞄准机制之间的关系，以及小额信贷对欠发达地区农户福利和收入水平的影响。她利用 Probit 模型识别小额信贷参与者的特征，发现决定农户选择扶贫社贷款的显著性变量是劳动力数量、家庭净资产和主妇文化程度。她的另一个结论是小组模式的扶贫社贷款主要瞄准农村的中等收入农户。该研究的不足在于忽略了内生性问题，即根据扶贫社所制定的贷款规定，如果农户发现自己无法获得贷款，就可能实施自我配给，这是一个内生性问题。解决内生性问题应该分层解决，具体来说，农户的小额信贷项目参与行为可以分解两步：第一步，农户决定“是否借”；第二步，小额信贷项目决定“是否贷”[56]。

总体上看来，国内研究除了缺乏调查数据，在经验研究方面还存在着许多不足，特别是在理论研究与经验证据之间存在较大的差距，一些论文似乎是为了“经验”而做经验研究。大部分理论命题的证据只与一些特定项目有关，这些个案提供的实证证据是不规范的，因此难以得到广泛承认。同时，从评估和改善小额信贷项目来看，也需要缩短理论和证据之间的距离（Morduch，1999）[23]。

综上所述，国内外的研究，主要包括以下几方面：

（1）主流观点认为，在发展中国家经济中广泛存在着金融抑制，如何向农村人口提供金融服务是各国政府面临的挑战。小额信贷被认为是一种比较理想的针对农村金融市场特点的金融创新模式。

（2）理论界对小额信贷的研究较为丰富。我国小额信贷的发展开始于扶贫领域。

（3）商业化小额信贷机构已显示出强大的生命力和营利性，国外商业化小额信贷的发展和研究表明，商业化小额信贷机构具有自身的优势。

（4）村镇银行的建立对于我国的小额信贷事业和农村金融的发展都具有重要意义。村镇银行小额信贷取得了一定的成绩，但还面临许多的困难。

但是，现有研究仍存在以下几方面的不足：

（1）虽然认识到小额信贷是一种农村金融制度创新，其具有较突出的优势，但还没有深入分析小额信贷效率的研究。

（2）虽然认识到村镇银行的建立有利于缓解农村中低收入者和小规模金融需求者的融资难，但其小额信贷效率运行情况究竟如何，有哪些经验教训值得总结和吸取等等，没有人做过系统性的深入研究。

因此，本书通过设立我国小额信贷效率的评估指标体系，分析我国目前农村小额信贷效率状况，同时利用调查获得的定量信息，深入分析村镇银行小额信贷效率的运行情况，总结村镇银行小额信贷经营的经验教训，提出相应的完善措施，构架推动村镇银行发展的整体思路和政策框架。

1.3 研究思路

我国农户贷款难问题一直备受重视。随着农村金融制度创新的不断推进，小额信贷逐渐受到学术界和政策层的关注。然而，目前我国小额信贷依然没有很好地缓解农户的信贷约束，其运行效率偏低。那么，作为主要面向当地中低收入农户提供贷款的一种金融制度创新，村镇银行能否真正缓解农户的小额信贷约束，其小额信贷效率怎样，有哪些经验教训值得总结和吸取，政府应推进哪些配套改革，笔者带着这样的思考展开了本书的研究。

本书首先设立了评估我国农村小额信贷效率的指标体系，分析了我国目前农村小额信贷效率状况，其次以调查数据为基础，在信贷需求与信贷供给联合分析的框架下，计量考察农户参与村镇银行信贷的行为，讨论村镇银行小额信贷效率的运行情况，最后根据前面分析得出的结论，同时结合国外小额信贷发展的经验和我国政府在村镇银行小额信贷中的作用，提出相应的改进措施和政策建议。本书按照以下思路展开：

第一，结合我国农村金融市场供需矛盾突出的问题，讲述农村金融制度创新与小额信贷的联系，阐述村镇银行的定义和相关规定，及其设立的意义。

第二，设立评估我国农村小额信贷效率的指标体系，分析我国目前农村小额信贷效率状况。

第三，利用调查获得的定量数据，计量分析农户参与村镇银行信贷的行为，考察村镇银行小额信贷效率的运行情况。

第四，根据前面分析得出的结论，同时结合国外小额信贷发展的经验和我国政府在村镇银行小额信贷中的作用，提出相应的改进措施和政策建议。

1.4 研究架构

1.4.1 章节安排

全书共计十章，其中主体部分有九章。第 2 章描述与本书所研究问题相关的理论基础，第 3 章讲述我国农村金融制度创新与小额信贷的联系，回顾我国小额信贷发展的历程，阐述村镇银行的定义、相关规定及其设立的意义，第 4 章设立评估我国农村小额信贷效率的指标体系，并以此分析我国农村小额信贷效率状况，在介绍村镇银行农户信贷概况后，对所重点选取的村镇银行小额信贷效率评估指标和实证分析思路进行说明，第 5 章介绍村镇银行小额信贷效率实证分析的调查情况，第 6 章描述分析农户的小额信贷需求和村镇银行的信贷供给，第 7 章计量分析农户参与村镇银行信贷的行为，考察村镇银行小额信贷的运行情况，第 8 章总结国外小额信贷发展可供我国借鉴的经验，第 9 章分析我国政府在村镇银行小额信贷中的作用，最后总结研究得出的相关结论，提出相应的政策建议，同时指出本书不完善的地方以及进一步研究的设想。以下对论文结构做简要的概述：

第 1 章——绪论，交代本书的研究背景和研究目的，综述国内外文献，阐述研究的具体思路以及本书的创新之处。

第 2 章——农村金融理论借鉴与回顾，描述与本书所研究问题相关的理论基础，主要包括农村金融市场理论、小额信贷的理论基础和金融与经济增长关系的理论分析。

第 3 章——我国农村金融市场与小额信贷，首先阐述我国农村金融制度创新与小额信贷的联系，其次总结分析我国小额信贷的探索历程，阐述村镇银行的定义和相关规定，及其设立的意义。

第 4 章——我国农村小额信贷效率分析，设立评估我国农村小额信贷效率的指标体系，分析我国目前农村小额信贷效率状况，同时介绍村镇银行农户信贷概况，并就其小额信贷效率重点评估指标的选取和实证分析的思路进行说明。

第 5 章——村镇银行小额信贷效率实证分析，详细介绍本书实证分析的调查情况，包括样本村镇银行、调研地区以及样本农户的基本信息。

第 6 章——农户需求与村镇银行供给描述分析，在界定农户信贷需求的基础上，识别出具有有效信贷需求的农户、具有潜在信贷需求的农户和具有隐藏信贷需求的农户，描述分析样本农户的小额信贷需求和村镇银行的信贷供给。

第 7 章——农户参与村镇银行信贷行为考察，利用调查问卷获得的定量数据，通过构建需求和供给联立方程，实证研究农户参与村镇银行信贷的行为，分析村镇银行小额信贷效率的运行情况，并就如何改善农户的小额信贷需求与村镇银行的供给展开探讨。

第 8 章——国外小额信贷发展及其经验借鉴，首先介绍孟加拉国乡村银行和美国小额信贷的经营模式，其次总结国外小额信贷发展可供我国借鉴的经验。

第 9 章——我国政府在村镇银行小额信贷中的作用，首先对政府在我国农村金融领域中的不恰当定位进行反思，其次探讨政府在农村金融市场中的重新定位，最后解析在小额信贷的发展中政府、村镇银行和农户三者之间的利益互动机制。

最后是结论，总结本书研究得出的主要结论，在此基础上提出相应的改进措施和政策建议。同时，指出本书还需要改进的地方以及进一步研究的设想。

1.4.2 研究思路

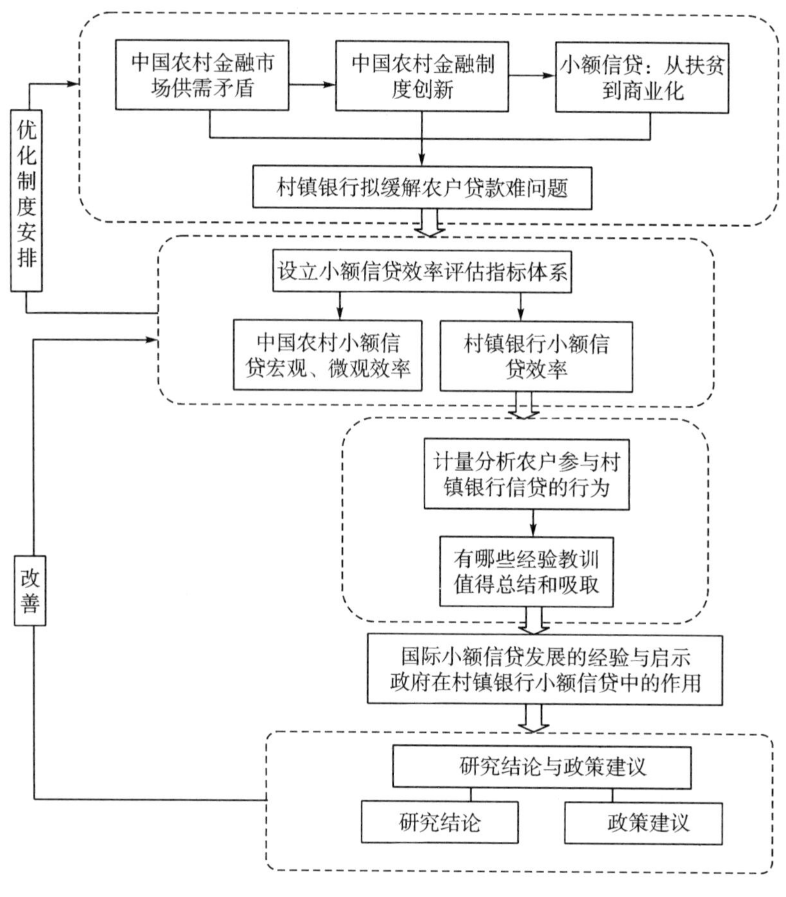

图1 研究思路图

1.5 创新点

本书的创新点，笔者认为大致有以下几点：

第一，设立了评估我国农村小额信贷效率的指标体系，运用指标体系评估了我国目前农村小额信贷效率状况。

第二，重点选取衡量村镇银行小额信贷效率的微观指标，通过计量分析农户参与村镇银行信贷的行为，考察村镇银行小额信贷效率的运行情况。

第三，将村镇银行所在地区农户的借贷行为置于一个国别比较、历史阶段性和市场可持续、不断扩展的观察视角下，全方位地观察农户的需求变化和农村金融市场的历史发展。

第四，将市场培育与宏观调控纳入一个相容的体系中进行分析，分析在我国小额信贷发展中政府、村镇银行与农户三者之间的利益互动关系。

1.6 相关概念界定

1.6.1 农村金融制度创新

农村金融即农村货币资金的融通，是以信用手段筹集、分配和管理农村货币资金的活动，是农村领域内相互联系、相互依存的货币流通、资金运动和信用活动的统一，是全社会金融活动的重要组成部分。农村金融制度是通过对农村金融交易和活动提供一系列的规则和组织安排，界定人们在农村金融交易过程中的选择空间，约束人们之间的相互关系，从而降低农村金融交易费用，减少农村金融交易竞争中的不确定性所引致的金融风险，最大限度地保护农民的利益，促进农业经济发展。农村金融制度创新是指引入新的农村金融制度因素或对原农村金融制度进行重构。这包括农村金融组织变革或引进；新农村金融商品被引入；拓展新农村市场或增加原农村金融商品的销量或市场结构的变化；农村金融管理的组织形式创新；农村金融文化领域的创新。从制度变迁的角度来看，农村金融制度创新是指由两种不同的经济制度转轨或替换过程的一个发展阶段。

1.6.2 小额信贷

根据 2001 年我国人民银行颁布的《农村信用合作社农户小额信用贷款管理指导意见》，农户小额信用贷款是指以农户自然人为贷款对象，基于农户的信誉，在核定的额度和期限内向农户发放的不需抵押、担保的贷款，是农信社信贷的一种创新产品。农户小额信贷采取“一次核定、随用随贷、余额控制、周转使用”的管理方法，加上“客户一证通”“信用一证通”等服务手段的创新，简化了农户的贷款手续，有利于拓展农村信贷市场。不同的学者和机构对小额信贷的定义有不同的表述，通常人们从质和量两方面对小额信贷进行过界定。从小额信贷质的规定来看，小额信贷（Small Credit）是指专向中低收入阶层或贫困群体提供小额度的持续的信贷服务活动。国际上公认取得成效的小额信贷活动多开始于 20 世纪 70~80 年代，实施小额信贷的组织机构主要是各类金融机构和非政府组织。以中低收入或贫困群体为特定目标客户并提供适合特定目标阶层客户的金融产品服务，是小额信贷服务区别于正规金融机构的常规金融服务以及传统扶贫项目的本质特征；而这类为特定目标客户提供小额信贷的机构，以追求自身财务自立和持续性经营为目标，构成它与为农村发展项目和扶贫项目提供长期补贴的一般政府或捐助机构的本质差异。小额信贷包括两个基本要素：一是为大量低收入包括贫困人口提供金融服务；二是保证小额信贷机构自身的生存与发展。从小额信贷量的规定来看，不同国家划分小额信贷的标准不同，难以产生“单一的被各国普遍接受的小额信贷定义”。如在玻利维亚，个人或企业贷款在 2 万美元以下即被认为是小额信贷；在秘鲁，资产在 2 万美元以下的客户的生产性贷款被称为小额信贷。

我国在引入小额信贷概念的初期，各地曾从质和量两方面对小额信贷进行过界定。从小额信贷质的规定来看，小额信贷是指为低收入阶层包括贫困户提供贷款和存款服务。小额信贷一般只用于生产而不用于消费，具有小额度、短期、分期还款、不需担保或灵活多样的担保形式、利率水平等特征；存款是建立在个人账户基础上的自愿储蓄及其交易。从小额信贷量的规定来看，经济发达地区、不发达地区和落后地区划分小额信贷的标准不同，例如，2005 年，在浙江，个人贷款在 5 万元人民币以下、企业贷款在 20 万元人民币以下即被认为是小额信贷；在湖南，个人贷款在 2 万元人民币以下、企业贷款在 10 万元人民币以下即被认为是小额信贷；在宁夏，个人贷款在 5 000 元人民币以下、企业贷款在 3 万元人民币以下即被认为是小额信贷。随着各地区经济发展水平和人们收入水平不断提高，各地区划分小额信贷量的标准也会提高。

1.6.3 小额信贷效率

效率（Efficiency）指的是作用力、作用程度或效能。小额信贷效率是小额信贷运作能力的大小，主要包括宏观效率和微观效率。小额信贷的宏观效率包括小额信贷运作对整个国民经济的作用效率和政府监管小额信贷运作的效率；小额信贷的宏观效率越高，小额信贷作用于整个国民经济增长的效率和政府监管小额信贷的效率越高，小额信贷结构便越合理，小额信贷资金越安全。小额信贷的微观效率包括小额信贷机构效率和小额信贷市场效率。

小额信贷金融机构效率可分为经营效率和发展效率。①小额信贷金融机构的经营效率主要是通过业务能力和盈利能力反映出来。小额信贷金融机构的业务能力主要体现在所提供的金融商品和金融服务对社会小额信贷需求的满足程度、小额信贷资金的清算速度、小额信贷资产增长率等方面。小额信贷金融机构的盈利能力建立在其业务能力的基础上，衡量小额信贷金融机构盈利能力的指标主要有两项，即资产盈利率和资本盈利率。②小额信贷金融机构的发展效率是指小额信贷金融机构在市场竞争中开创未来的能力，它主要通过金融创新能力、资本增长能力、设备现代化配置及更新能力、人员素质和经营管理水平等体现出来。金融创新能力是指小额信贷金融机构在发展中开拓新业务、提供新服务的能力，金融创新能力的大小在很大程度上决定着小额信贷金融机构发展的效率；资本充足比率和增长力不但反映着小额信贷金融机构的整体安全程度，也预示着小额信贷金融机构业务扩展的程度；设备现代化配置及更新能力、人员素质和经营管理水平也是影响和决定小额信贷金融机构发展效率的重要指标。

小额信贷市场效率高低是整个经济特别是农村经济发展的重要推动或制约因素，主要包括小额信贷市场的运行效率和对农村经济的推动效率。小额信贷市场的运行效率是其对农村经济发展推动效率的基础，衡量小额信贷市场的运行效率高低的指标主要有如下五个：小额信贷市场上金融商品价格对各类信息的反应灵敏程度；小额信贷市场上各类金融商品的价格具有稳定均衡的内在机制；小额信贷市场上的金融商品数量及创新能力；小额信贷市场剔除经营风险的能力；小额信贷市场交易成本高低。小额信贷市场对经济发展的推动效率主要体现在便利融资和投资、促进资本集中、加速资本转移和促进资金转换等方面。从这一角度分析，小额信贷市场对经济发展的推动效率便突出反映在小额信贷市场对社会小额融资需求的满足能力和小额融资的方便程度这两方面。在高效率的小额信贷市场上，小额融资者只要出足够价格（利率）便可获得足够资金，小额放款者也是如此，只要接受一定的价格便可将资金借出；小额信贷市场上融资方便可使借贷双方能够及时实现自己的愿望和需求，而且实现这种愿望和需求并不需要付出过多的精力和时间。

1.7 研究视角

任何研究工作都不可能脱离其特定的历史背景来开展，本书研究也是如此。只有在考虑特定的社会环境和历史背景的条件下，研究工作才可能得出具有一定意义的结论。因此，本节分别阐述与本书研究密切相关的三个研究视角：国别视角、历史视角与市场视角。

1.7.1 国别视角

人因他人的存在而意识到自身的存在。若想更深入地了解我国的问题，就必须具备国别比较的视野。其他发展中国家农村金融发展的经验与教训可以成为我们认识自己的一面镜子。基于国别视角观察我国及其他发展中国家的农村金融市场，不仅是一个经验借鉴的问题，更主要是在研究层面上求同，避免在经验研究中过分“具有中国特色”，这一点主要体现为本书的主体部分在研究思路、分析方法以及经验证据方面与其他国家类似研究的相互交流上。

1.7.2 历史视角

强调历史视角主要是希望能够以一种发展的眼光去把握历史的大趋势，增强思考的历史洞察力和前瞻性。相比之下，从发展视角观察和理解农村金融市场，可以看出农村金融需求与供给方面所发生的变化。

就金融需求方面来看，农村地区经济社会结构的急剧转变导致了农村经济主体金融服务需求的变化，现阶段的农户既不同于改革开放初期从事小规模家庭经营的农户，也不同于20世纪90年代的兼业农户、个体工商业自我雇佣者和乡镇企业当地就业者。目前，就笔者掌握的信息而言，农村地区的绝大多数农户主要以外出务工为主，工资性收入是其家庭收入的主要来源。这类农户可以抽象为劳动力供给者，而不再是传统意义上的家庭生产经营单位。

从金融供给方面来看，新技术所带来的金融产品、技术等创新对于未来农村金融市场的发展意义深远。除了降低交易费用和金融风险的益处之外，计算机、网络和通信技术的快速发展对于优化金融机构的激励和监督机制也非常重要。利用技术创新带动金融产品、技术、组织制度等方面的创新正在成为未来金融发展的主导方向，发展中国家的农村金融正好可以赶上这一潮流。

1.7.3 市场视角

由于各国国情不同，的确存在着各种不同的农村金融发展模式。然而，无论国情有何区别，各国所采用的农村金融发展模式存在怎样的多样性，世界各国的经验已经表明，商业化、市场化的运作方式是农村金融可持续发展的必由之路。市场视角对农村金融研究的指导意义在于强调了金融机构的可持续发展必须以农户对其提供的产品和服务存在需求为前提和基础。

2 农村金融理论基础与回顾

2.1 农村金融理论

在发展中国家的农村金融领域，存在着两种不同的理论流派：即农业信贷补贴论和农村金融市场论。另外，近年来随着信息经济学的崛起，又出现了一种新的农村金融理论，即不完全竞争市场理论。

2.1.1 农业信贷补贴论

20世纪80年代以前，农业信贷补贴论（Subsidized Credit Paradigm）是处于主导地位的农村金融理论。该理论支持信贷供给先行的农村金融战略，该理论的前提是：农村居民、特别是贫困阶层没有储蓄能力，面临资金不足问题。而且由于农业的产业弱质性（收入的不确定性、投资的长期性、低收益性等），它也不可能成为以利润为目标的商业银行的融资对象。该理论因此得出结论：为增加农业生产和缓解农村贫困，有必要从农村外部注入政策性资金、并建立非营利性的专门金融机构来进行资金分配。根据该理论，为缩小农业与其他产业之间的结构性收入差距，对农业的融资利率必须较其他产业低。考虑到地主和商人发放的高利贷及一般以高利为特征的非正规金融使得农户更加穷困和阻碍了农业生产的发展，为促使其消亡，通过银行的农村支行和农业信用合作组织，将大量低息的政策性资金注入农村。

然而实践表明，农业信贷补贴论是失败的，主要表现在：

（1）可以持续得到便宜资金以及利率上限的持续存在，使得专门的农业信贷机构和正规的贷款者无法动员农村储蓄以建立自己的资金来源。因此，专门的农业贷款机构从未发展成为净储户与净借款者之间真正的和有活力的金融中介。

（2）低息贷款的主要受益人不是农村穷人，低息贷款的补贴被集中并转移到使用大笔贷款的较富有的农民身上，从本质上说，廉价贷款存在对非目标受益人获得贷款的激励，从而从根本上破坏信贷计划目标的实现。因为利率并不反映资本的真实成本时，便宜的资金会导致信用需求的夸大，因而补贴贷款必须定量配给。当低利率上限使得农村贷款机构无法补偿由于贷款给小农户而造成的高交易成本时，那么官方信贷的分配就会偏向于照顾大农户。

（3）政府支持的不具有多少经营责任的农村信贷机构缺少有效地监督其借款者投资和偿债行为的动力。衡量这些信贷机构的业绩通常是根据其贷款的快速审批和贷款额的增长，而不是其财务方面的业绩，这样就造成了借款者故意拖欠货款。农村金融机构管理中的低效率和低能力进一步恶化了高拖欠率。例如，缺少经常性的会计核算和贷款记录不完备使得很难确定支付何时到期，而且很难强制实行贷款协议。因此，在大多数带补贴的农村信贷体系中拖欠率都很高，而这并不能只归咎于农业生产所具有的高风险。

（4）农村信贷机构缺少可持续发展的能力。对消除贫困贡献最大的可能既不是贷款也不是储蓄，而是建立一种可持续发展的金融机制。由于农业信贷补贴政策逐渐损害了金融市场的生存能力，导致信贷机构活力的衰退缺少可持续发展的能力，最终使得农业信贷补贴政策是代价高昂，但收效甚微。

2.1.2 农村金融市场论

20世纪80年代以来，农村金融市场论或农村金融系统论（Rural Financial Systems Paradigm）逐渐替代了农业信贷补贴论。农村金融市场论是在对农业信贷补贴论的批判的基础上产生的，强调市场机制的作用，其主要理论前提与农业信贷补贴论完全相反：①农村居民以及贫困阶层是有储蓄能力的。在各类发展中国家的农村地区的研究表明，只要提供存款的机会，即使贫困地区的小农户也可以储蓄相当大数量的存款，故没有必要由外部向农村注入资金。②低息政策妨碍人们向金融机构存款，抑制了金融发展。③运用资金的外部依存度过高是导致贷款回收率降低的重要因素。④由于农村资金拥有较多的机会成本，非正规金融的高利率是理所当然的。

该理论完全依赖市场机制、极力反对政策性金融对市场的扭曲，特别强调利率的市场化，该理论认为，农业贷款的利率自由化可以使农村金融中介机构能够补偿它们的经营成本。这样就可以要求它们像金融实体那样运行，承担适当的利润限额；实行市场利率可以鼓励金融中介机构有效地动员农村储蓄，这将使它们可以不依赖外部的资金来源，同时使它们有责任去管理自己的资金；实行市场利率可以减少发放人情贷款和随意做出决断，并由此有助于改进补贴信贷计划不能落实的特点。事实上经验也表明，贷款的价格对农户是否愿意借款是相对不那么重要的因素，比它重要得多的是，及时的服务和简化的申请及支付程序。

值得怀疑的是，仅仅取消信贷补贴能否消除那些目前影响发展中国家农村信贷体系的低效能问题。另外，通过利率自由化能否使小农户充分地得到正式金融市场的贷款，仍然是一个问题。自由化的利率可能会减少对信贷的总需求，从而可以在一定程度上改善小农户获得资金的状况。但高成本和缺少附属担保品，可能仍会使他们不能借到他们所期望的那么多的资金，所以，仍然需要政府的介入以照顾它们的利益。在一定的情况下，如果有适当的体制结构来管理信贷计划的话，对发展中国家农村金融市场的介入仍然是有道理的。

2.1.3 不完全竞争市场理论

20 世纪 90 年代后，人们认识到为培育有效率的金融市场，仍需要一些社会性的、非市场的要素去支持它。Stiglitz 的不完全竞争市场论就是其中之一，其基本框架是：发展中国家的金融市场不是一个完全竞争的市场，尤其是放款一方（金融机构）对于借款人的情况根本无法充分掌握（不完全信息），如果完全依靠市场机制就可能无法培育出一个社会所需要的金融市场。为了补救市场的失效部分，有必要采用诸如政府适当介入金融市场以及借款人的组织化等非市场要素。Stiglitz 等人对不完全竞争市场、信息不对称（比如借款人和放贷人之间）问题的研究成果是原创性的，其信息经济学分析工具也成为金融市场分析中的重要工具。

不完全竞争市场理论认为，简单地提高利率水平会引发逆向选择和道德风险，从而加剧农村金融机构的资产质量恶化。不完全竞争市场理论也为政府介入农村金融市场提供了理论基础，但显然它不同于农业信贷补贴论。不完全竞争市场理论认为，尽管农村金融市场可能存在的市场缺陷要求政府和提供贷款的机构介入其中，但必须认识到，任何形式的介入，如果要能够有效地克服由于市场缺陷所带来的问题，都必须具有完善的体制结构。因此，对发展中国家农村金融市场的介入，首先应该关注改革和加强农村金融机构，以及排除阻碍农村金融市场有效运行的障碍。这包括消除获得政府优惠贷款方面的垄断局面，随着逐步取消补贴而使优惠贷款越来越集中面向小农户以及放开利率使其可以完全补偿成本。尽管外部资金对于改革机构并帮助其起步是必需的，但政府和提供贷款的单位所提供的资金首先应用于机构建设的目的。这包括培训管理人员、监督人员和贷款人员，以及建立完善的会计、审计和管理信息系统。

不完全竞争市场理论为新模式的小额信贷提供了理论基础。新模式的小额信贷强调解决农村金融市场上的信息不对称和高交易成本问题，而旧模式的小额信贷强调通过便宜的资金帮助穷人。旧模式的小额信贷基本上是信贷补贴论的翻版，由于忽略机构的可持续性而难以为继。

2.2 小额信贷理论

理论界对于小额信贷的解释，是建立在一系列现代经济学理论发展的基础上。委托代理理论，在多代理人的框架下，为小额信贷的机制设计确立了标准框架。制度变迁理论，将小额信贷的成功作为一个制度变迁的案例来加以解释。社会资本理论，则引入前沿的社会资本概念，来试图对小额信贷做出新的理论尝试。

2.2.1 委托代理理论

委托代理理论是在对现代企业制度的研究过程中产生并逐渐发展起来的。历史上，企业制度的发展，先后经历了“业主制”“合伙制”和“公司制”三个阶段。其中，前两个阶段属于传统企业形式，即企业主直接经营管理自己的企业，企业的所有权和经营权合二为一。随着企业的发展，企业规模日益扩张，管理也日益复杂化，企业主所拥有的知识、能力和精力已经渐渐满足不了企业经营管理的需要了。管理则逐渐演化为一项专门知识和技能，为一部分职业经理人所掌握。此时，作为现代企业制度的典型形式——公司制便应运而生了。在公司制企业里，企业主已不再亲自经营企业，而只能在保留资产所有权的同时，将资产的经营权委托给具有管理能力的职业经理人。这就产生了企业主和职业经理人之间的委托代理关系（邹洋，2007）[57]。

20世纪60年代末70年代初，一些经济学家不满企业“黑箱理论”，深入研究企业内部信息不对称和激励问题，委托代理理论得以发展起来。委托代理理论的中心任务是研究在利益相冲突和信息不对称的环境下，委托人如何设计最优契约激励代理人。经过30余年的发展，委托代理理论由传统的双边委托代理理论（单一委托人、单一代理人、单一事务的委托代理），发展出多代理人理论（单一委托人、多个代理人、单一事务的委托代理）、共同代理理论（多委托人、单一代理人、单一事务的委托代理）和多任务代理理论（单一委托人、单一代理人、多项事务的委托代理）（王小芳 等，2004）[58]。

2.2.1.1 委托代理的概念

委托-代理关系是一种契约，在这种契约下，一个人或一些人（委托人）授权另一个人或一些人（代理人）为他们的利益从事某项活动，并相应授予代理人某项决策权，代理人通过代理行为获取一定的报酬。委托-代理理论，就是以委托-代理关系为研究对象，从信息不对称条件下契约的形成过程出发，探讨委托人如何以最小的成本去设计一种契约或机制，促使代理人努力工作，减少委托-代理问题，以最大限度增加委托人效用的理论。

2.2.1.2 代理成本理论

委托-代理理论认为委托代理关系产生的实质是利益比较优势。一方面，由于在一定的生产力条件下，拥有资产所有权的个人感觉到，由职业经理人经营可以取得更大的利益，从而经营权由职业经理人享有和行使；另一方面，拥有经营才能的职业经理人，因为经营不属于他个人的资产能获得更大的利益，所以才愿意将自己的经营才能与他人的资本相结合。在这种情况下，通过契约建立委托-代理关系，可以使双方都获得契约带来的好处（王艳 等，2006；戴中亮，2004）[59,60]。

但是，委托代理关系的运用是有代价的，这就是代理成本。代理成本包括委托人的监督成本、代理人的担保成本、机会成本。代理成本是企业所有权的决定因素。即使代理人付出全部努力，承担所有成本，但却只能分享一小部分剩余。当代理人追求个人额外的好处时，代理人得到全部好处，却只承担一小部分成本。所以，代理人可能没有工作的积极性，却热衷追求其他额外收入。因此，代理人管理下的企业价值，将小于它属于一个完全所有者时的价值，两者之差就是所谓的“代理成本”。理论上进一步了提出解决问题的办法：让代理人买断企业或许是一劳永逸的办法。但受到财富的限制和出于对风险的考虑，代理人未必能够或愿意购买企业。在代理人财富既定和有限责任的条件下，举债可作为增加代理人积极性的选择方案，但其作用是有限的，因为举债又会导致新的代理成本。

代理成本理论揭示了委托-代理关系的一个核心问题：如果代理成本高于建立契约带给所有者的收益，那么建立契约将不再经济可行。这很好地解释了为什么以权力分离为特征的现代公司制，只适合规模较大的企业，因为小企业承担不了过高的代理成本。在小企业中，业主制和合伙制仍然是最好的选择。同时，代理成本理论也提示我们在存在委托-代理关系的企业或组织的管理中，削减代理成本是管理的一项重要内容（刘有贵 等，2006；邓毅 等，2007）[61,62]。

2.2.1.3 委托代理问题

每当委托人按代理人要求行动，且代理人比委托人更了解运营情况时①，就会产生委托代理问题。这时，代理人有可能按自己的利益行

① 即信息不对称。

事，并忽略委托人的利益。这个问题在大企业和政府中普遍存在，它提出了一个重大的管理挑战。

委托-代理的问题产生主要是因为两个方面的原因：一是由于委托人与代理人的效用函数不一样，即激励不相容。委托人追求的是自己的财富更大，而代理人追求自己的工资、津贴收入、奢侈消费和闲暇时间最大化，这必然导致两者的利益冲突；二是由于委托人与代理人拥有信息的不对称（asymmetric information）。在不确定的环境中，委托人不能直接观察到代理人的具体操作行为。同时，代理人不能完全控制选择行为后的最终结果。在没有有效的制度安排下，代理人的行为很可能为追求自身利益，而最终损害委托人的利益，即所谓的“道德风险”。

2.2.1.4 委托代理问题的解决

委托代理理论认为委托方和代理方都以效用最大化目标，与对方讨价还价和相互退让，达成双方都认可的合约。因此，这种代理合约可以看成是在信息不对称的条件下，博弈双方的对策及均衡的结果。对于委托人来说，解决委托代理问题主要有三个途径（戴中亮，2004）[60]：

一是提高信息透明度，以解决博弈双方的信息不对称问题。通过专业信息公司获取信息，或通过立法强制代理人定期地、全面地报告其活动是解决信息不对称，从而遏制代理人机会主义行为的有效途径。

二是建立对代理人的有效激励机制。有效激励的核心在于建立激励相容机制，使代理人在追求自身效用最大化的同时，也能实现委托人效用的最大化。在现代企业组织中，已经设计出若干有效的内部制度实现对代理人的有效激励。这包括激励性报酬、经理在公司股份中的报酬、按业绩定职位等。

三是建立对代理人的有效监督约束机制。代理人会利用信息不对称来为自己谋求合约之外的利益，即权力租金。因此，委托人要对代理人的工作进行有效监督，并配以相应的惩罚措施，使代理人能按照委托人的利益行事，不采取违规寻租活动。现代企业制度的监督约束机制，主要包括：定期的内部审计和外部审计、股票价格的市场变动、可自由交易的股票市场、经理人市场、企业控制权市场、产品市场。这些市场机制所产生的竞争，迟早会揭示经理人的机会主义行为，对具有机会主义倾向的经理人构成了潜在的威胁和惩戒，从而增强了所有者的控制，并减少其监督成本。

通过上述三个途径，委托-代理问题就转化为委托人对代理人的激励与监督问题。当然，激励和监督机制的建立也是需要成本的。但通常而言，这些成本要少于代理人机会主义倾向很强，并谋取私利时所发生的成本。因此，尽管委托-代理问题今后仍将是企业治理的核心问题，但多数发达国家的实践表明，上述机制的存在对抑制代理人的机会主义行为产生了很明显的效果，使企业中的委托-代理问题并没有原先想象得那么严重。

2.2.2 制度变迁理论

人们的交易行为是在一定的制度安排、组织约束下进行的。不同的制度安排和制度结构，对经济主体的经济行为的影响是不同的，从而对于经济绩效的影响也是不同的。既然经济效率与不同的制度安排相关，要提高效率，必然涉及制度安排的改变，即制度安排的变迁问题（林红玲，2001）[63]。

制度变迁是一个用效率较高的制度安排来替代效率较低的制度安排的过程。这种替代可以看作是一种社会制度的“生产过程”，是要支付成本的，并且是费用昂贵的。除非一种制度安排的创新改变了潜在的利润，或制度创新的成本降低了，使制度变迁变得合算，否则不会发生制度安排的变迁（马广奇，2005）[64]。

2.2.2.1 制度变迁的动力

诺斯的制度变迁理论模型是建立在经济人对“成本-收益进行比较计算”的基础上的。制度创新的动力是个人期望在现存制度下获取最大的潜在利润。潜在的外部利润的来源有以下三个方面：外部性的内在化、风险的分担和不完全市场的发展（道格纳斯·C.诺斯，1994）[65]。

2.2.2.2 制度变迁的内在机制

制度变迁是由正式规则和非正式规则的变迁构成的，是对构成制度框架的规则、准则实施的结合所做的边际调整（道格纳斯·C.诺斯，1994）[65]。

首先，在制度变迁的过程中，制度与组织之间连续不断的相互作用是制度变迁的关键点。组织是在现存制度允许的范围内产生和发展的，它实现着制度的功能。组织的产生，反映的是制度框架提供的某些机会，创新者用它来使收入、财富或者其他目标最大化。在追逐这些目标的过程中，组织又会影响制度变迁的方向及其进程。它既可以成为阻止制度变迁的巨大障碍，又可成为促进制度变迁的重要力量。因为组织不仅是制度约束而且也是其他约束（如技术、收入与偏好）的函数。

其次，竞争迫使组织持续不断地在发展技术和知识方面进行投资以求生存。个人或组织获得的技能和知识会形成对机会，从而对选择不断变化的直觉，而这种直觉将逐渐地改变现存的制度。制度变迁就是一个无处不在、持续进行的增量过程，它是单个当事人和组织的企业家每天进行选择的结果。尽管大多数的决策是例行公事，但有时决策涉及改变现存的个人与组织之间的“契约关系”。重建契约有时可以在现存的产权结构和政治规则中实现，但有时需要改变规则。同样，指导人们交换的非正式的行为规范，也会被逐渐地加以修改或抛弃。因此，这两种情况表明制度正在出现变化。在另一种经济中，一种竞争性的产品价格或品质的变化，会使现有经济中的企业家对盈利机会的看法发生改变。但是，人的认识发生变化的最基本的、长期的根源，是个人和组织内的企业家所进行的学习。虽然一些学习来源于好奇心，但是学习的程度和速度，反映了组织间竞争强度。普遍的稀缺引起竞争，竞争诱导各种组织为生存而学习。竞争的程度事实上是各不相同的。垄断程度越高，竞争的因素越少，学习的动力就越低。经济变迁的速度，取决于学习的比率。经济变迁的方向取决于获得不同类型知识的预期报酬。经济变迁的方向反映了制度矩阵中的激励因素，也就是制度框架提供了激励，决定人们获得哪种类型的技能和知识才能使收益最大。

最后，人们对这一收益认识的直觉，来源于竞争参与者的智力结构。智力模型与制度之间的关系极为密切。智力模型是为了解释环境而从个人的认识系统中产生出来的内在的表现。制度则是人们创立的用于构建组织环境的外在的（对心智而言）机制。共同的文化遗产是一个社会中人们减少彼此在智力模型上的分歧的手段，是一致观念在代际传递的桥梁。人类从野蛮、愚昧、落后走向文明与进步，就是不断学习的结果。在与经济和社会变迁相联系的实践进程中，人类学习的过程形成了制度演变的轨迹。

2.2.2.3 制度变迁的过程

制度变迁是一个错综复杂的过程，是实施制度的各个组织[①]，在相对价格或偏好变化的情况下，为谋取自身的利益最大化而重新谈判，达成更高层次的契约，改变旧的规则，最终建立新的规则的全部过程。在这个过程中，当各个组织的谈判力量及构成经济交换总体的一系列契约的谈判给定时，如果没有一个组织能够从对重建契约的资源投入中有利可图时制度才会稳定下来，形成均衡的制度。

2.2.2.4 制度安排变迁的轨迹：路径依赖与锁定状态

制度变迁能否成功，或者说制度变迁会走什么样的道路，取决于两

---

① 包括自我实施。

个因素的共同制约：一是复杂的、信息不完全的市场；二是制度在社会生活中给人们带来的报酬递增。就前一个因素而言，市场状况的复杂性，要求制度的初始设计必须尽可能地与市场实际相吻合，以便保证制度实施的可行性。但是，由于市场总是复杂多变的，人们不可能事先对之掌握准确全面的信息。加上行为者受到他们的主观意志、意识形态及个人偏好的制约，因此，制度变迁不可能总是完全按照初始设计的方向演进，往往一些小的偶然事件，即可极大地改变制度变迁的方向。就后一个因素而言，诺斯认为尽管制度变迁受各种主客观因素甚至偶然因素的影响，但都有一个共同的规律，即制度给人们带来的报酬递增决定了制度变迁的方向。

上述关于制度变迁的理论认为，制度变迁就是效率较高的制度安排对效率较低的制度安排的替代，只要简单地“替代”或“转变”就够了，不需要对其进行系统分析。当现存的制度结构不存在获得利润的可能性时，就会引起新的制度安排形式的创新[①]。这种对制度变迁过程的理解，是把制度变迁的过程看作一个常规过程，把制度变迁主体纳入微观层次上的成本-收益分析之中，把研究重心放在了产生制度结果的基本经济力量上。只要变迁主体从变迁中所获得的收益超过其所付出的代价，制度变迁就可能带来较高的效率。也就是说，它把预期净收益超过预期成本看作是一项制度安排发生变迁的动因，而很少分析这个净收益如何分配，以及这种分配对资源配置效率的影响。

其实，制度安排的变迁不仅与经济效率有关，更与收入分配问题密切相关。任何一项制度安排的变迁，可能涉及一个私人的索取者，也可能涉及既得利益的团体，或涉及政府。而在这一变迁中，处于不同位置的当事人会对变迁做出不同的反应。在任何时点上，制度变迁主体是否

① 或旧的制度根本变化。

支持一个新的制度安排，取决于他们预期从新安排中可获得的净收益。个人对制度变迁带来的净收益的估计，是预期从制度变迁中可获得的总收益和分配这些收益的分享方案的一个函数。在制度变迁过程中，谈判各方都将以最大化自己在总收益中所占份额来影响最终的制度变迁。无论一项制度安排的变迁出现在哪一个层次上，要依赖于每个选择的成本和收益，也更要依赖于所影响团体的谈判实力（财富积累）。因此，制度变迁的过程，实际上是具有不同偏好、利益和政治力量的制度变迁主体之间的政治谈判过程。

2.2.3 社会资本理论

2.2.3.1 社会资本的概念

科尔曼认为社会资本是个人拥有的、表现为社会结构资源的资本财产；由构成社会结构的要素组成，主要存在于人际关系和社会结构之中，并为结构内部的个人行动提供便利。在科尔曼看来，社会资本不是一个单一体，而是有许多种类，彼此间有两个共同之处：它们都包括社会结构的某些方面，而且有利于处于同一结构中的个人的某些行为。和其他形式的资本一样，社会资本也是生产性的，使某些目的的实现成为可能，而在缺少它的时候，这些目的不会实现。①

① 在对社会资本的界定上，不同的学者从各自的研究领域和研究对象出发，给予了不同的界定。布迪厄认为，社会资本是资本的三种基本形态之一，是一种通过对“体制化关系网络”的占有，而获取的实际的或潜在的资源的集合体。这种“体制化网络关系”，是与某个团体的会员制相联系，获得这种身份，就为个体赢得“声望”，进而为获得物质或象征的利益提供保证。罗纳德·伯特认为，社会资本指的是朋友、同事和更普遍的联系，通过它们得到了使用其他形式资本的机会。企业内部和企业间的关系，是社会资本，它是竞争成功最后的决定者。普特南认为，社会资本是一种组织特点，如信任、规范和网络等。像其他资本一样，社会资本是生产性的。它使得实现某种不可能实现的目的成为可能，并能够通过推动协调的行动来提高社会的效率。亚历山德罗·波茨认为，社会资本指处在网络或更广泛的社会结构中的个人，动员稀有资源的能力。在这些学者中，科尔曼被认为，从学理上对社会资本给予了全面的界定和分析。

国内外学者对社会资本的界定存在明显不同。观点分歧之处主要表现在界定角度、概念主体、范围等几个方面。在界定角度上，一些学者侧重于社会结构资源，另一些学者侧重于社会关系；在概念主体上，一些学者认为社会资本的主体是个人，另一些学者认为社会资本的主体还包括企业、社团、社区等行动主体；在范围上，一些学者认为社会资本范围很广，包括规范、组织、关系等在内的众多社会结构资源，另一些学者认为社会资本只是社会关系网络。正由于社会资本概念的这些分歧，造成了在社会资本的具体研究中，对同一问题研究所得出的结论相差甚远，无法相互验证的问题（张广利 等，2003）[66]。

2.2.3.2 社会资本的特征

尽管国内外学者对社会资本的表述不同，但都承认它是一种特殊的资本形态，具有不同于物质资本的一系列特征（陈柳钦，2007）[67]。社会资本具有生产性、不完全替代性、公共物品性质、不可转让性、个人特质依赖性、无形性和投资收益不确定性。

2.2.3.3 社会资本的功效

在社会资本的功效问题上，存在着微观和宏观两个层次。在微观层次上，社会资本主要具有如下功效：社会资本可以为个人提供各种物质支持。社会资本可以提供人们所需要的情感支持，包括在情绪低落时给予同情，面对挑战时给予鼓励，在孤独时给予友谊。社会资本能够使人们的道德观、价值观内在化，规范人们的行为。社会资本对个人职业地位的获得、职业声望和收入水平起着极其重要的作用。在宏观层次上，社会资本主要具有如下功效：社会资本有利于公共事业的发展。社会资本对于企业的发展有重要影响。社会资本具有识别社会结构的功能。联合国开发计划署在《人类可持续发展报告》中指出，可持续发展就是通过社会资本的有效组织来实现的，社会资本对可持续发展意义重大。社会资本影响资源的分布。

当然，社会资本在具有正面功效的同时，它也具有某些负面作用：具有不同利益和关系网络的团体常常为了寻求他们自己团体的利益，而牺牲或损害更大团体的利益。从某种社会环境中获得社会资本的人同时也受到了社会环境中的规则的限制，并阻止他做出各种变革和创新。人际关系和政治权力结合扩大了腐败的范围，损害了政治廉洁等等。

2.2.3.4 社会资本的表现形式

社会资本的表现形式有五种：义务与期望、存在于社会关系内部的信息网络、规范和有效惩罚、权威关系、多功能组织和有意创建的社会组织。

2.3 金融与经济增长关系理论

理论和经验研究表明，金融市场在经济增长中发挥重要的作用。效率高的金融体制使资本从储户转移到借款人，把资源引向生产性的可赢利的投资项目。投资越是生产性的，经济增长率也就越高（King et al., 1993; Zahlir, 1993）。效率高的金融市场还可以通过分担风险和促进交易来提高增长。正如斯蒂格利茨（Stiglitz, 1994）所描述的："金融市场实际上参与了资源的分配。它们可以被当作是整个经济体制的大脑——决策的重要核心：如果它们失败了，不仅部门利润要比它们成功时低，而且整个经济体制的成绩要受到损害。"从理论上分析，由于金融中介的存在，一方面金融发展使储蓄转变为未来消费变得非常容易；另一方面，利息的存在又使储蓄能够带来增值，虽然金融的发展，也有促进消费倾向增加的可能（如消费信贷），但从总体上来看，金融中介可以在一定范围内使储蓄上升；金融的发展还可以促进储蓄向投资的转化，从而促进资本投入量的增加，如果考虑到金融在现代经济中还可以促进劳动投入的增长，表现为金融通过资本投入量的增加以吸纳更多的就业人数以及金融领域自身也直接吸纳了就业。

著名的哈罗德-多马模型，被认为是现代经济增长理论的开端，从20世纪30年代，Harrod和Domar首先建立起研究经济增长的数学模型开始，经济增长理论经历了数次变革。所有经济增长模型的基石，均来源于宏观经济平衡的概念，当投资超过资本的折旧从而导致新一期更大规模的循环时，经济增长为正，经济就会扩张。否则经济就会停滞，甚至收缩。因此，储蓄和投资规模是经济增长率的重要决定因素。

20世纪80年代中期以来以Romer，Lucas为代表的一批经济学家，致力于技术进步的内生化研究，探讨经济增长的内生机制，从而实现了经济增长理论与研究方法从外生均衡分析到内生机制分析的飞跃。在内生经济增长模型中，相对于社会边际资本生产率，金融发展对经济增长的影响，首先主要表现为金融中介能够为投资动员足够的资源，这是经济增长的必要条件，而储蓄向投资的转化率越高说明金融市场的效率越高。其次，储蓄率反映的是金融中介聚集金融资源的能力。最后，金融中介通过发挥信息的作用，使投资组合多样化进而分散消费者流动性风险，这种生产者的专业化能够提高社会边际资本生产率，从而推动经济增长。

3 我国农村金融市场与小额信贷

3.1 对我国农村金融市场问题的现实求解

3.1.1 我国农村金融市场存在的问题

经过20多年的改革和发展，我国已初步形成以农村信用社为主体，农业银行、农业发展银行参与提供信贷，中国人民保险公司和中华联合财产保险公司两家保险公司参与提供农业保险服务的农村金融体系。尽管我国农村金融取得了飞速发展，农民收入得到很大提高，但农村金融市场供需矛盾依然十分突出，农户贷款难的问题得不到有效解决。我国农村金融市场问题主要表现在以下五个方面。第一，农村金融发展的相对落后，使得大量的贷款需求得不到满足。第二，农村金融机构普遍亏损严重，不良资产率高，缺乏可持续发展的能力。第三，农村资金严重外流，加大了风险，恶化了农村金融秩序。第四，农村金融市场残缺不全，不能满足农户及农村经济发展的需要。第五，农业贷款风险分担和处理机制尚未建立起来。我国农村金融市场存在的问题已严重阻碍农村经济的发展。

3.1.2 我国农村金融制度创新与小额信贷

由以上对我国农村金融市场的分析可知，农村金融领域内供给与需求存在严重的脱节，金融供给尤其是正规金融供给难以满足需求主体的信贷需求，并且它们也缺乏向农户提供适合其需求特点的金融产品的激励机制。而对于广大农户，他们的金融需求长期受到严重的抑制，在难以从正规金融机构获得信贷服务的情况下，只能转而寻求非正规金融渠道（民间借贷）的资金支持。面对农户信贷短缺的问题，我国不断从农村金融组织、监管框架、金融产品等多个角度创新，逐步形成了多层次的农村金融服务体系。可以说，我国整个农村金融业的发展史就是一部不断创新的历史。农村金融业的每一次重大发展，都离不开农村金融制度创新。其中，农村小额信贷被视为减少贫困的金融制度创新。自20世纪90年代初以来，我国正式引入小额信贷，至今已经开展了约260个小额信贷试点项目。小额信贷进入我国农村金融市场，对于农村金融发展的意义十分重大。

3.2 我国农村小额信贷实践

3.2.1 我国小额信贷的发展历程：从扶贫走向商业化

制度经济学理论研究表明，历史的进步往往出现于制度创新的时期，制度变迁（创新）的过程在很大程度上引致了社会的进步和经济的增长。我国小额信贷的实践过程是与我国扶贫的宏观背景密切相关的。

改革开放以来，我国扶贫开发20年经历了体制改革推动扶贫（1978—1985），有计划、有组织大规模的开发式扶贫（1986—1993）和扶贫攻坚（1994—2000）三个阶段。相应的制度变迁也经过第一阶段从生产队体制到家庭生产责任制的诱致性制度变迁和第二、二阶段由于政府参与扩大了制度的选择集合（“财政扶贫十信贷扶贫十社会扶贫”的金融制度创新）所导致的强制性制度变迁。小额信贷就是在这种反贫困战略步入新阶段中开始了它的实践。我国最早的小额信贷可能从1981年联合国国际农业发展基金（IFAD）在内蒙古8旗（县）开展的北方草原与畜牧发展项目开始①。不过直到1993年以前，我国的小额信贷项目，基本上都只是国际援华扶贫项目的一个组成部分或者一种特殊的资金使用方式而已（吴国宝，2001）[68]。我国具有完整意义的小额信贷最早出现在1993年年底，中国社会科学院农村发展研究所在孟加拉乡村银行信托投资公司（GT）和福特基金会的资金和技术支持下，在河北易县组建了我国第一个由非政府组织操作的专业化小额信贷机构——易县信贷扶贫合作社（简称“扶贫社”，FPC）。这标志着我国小额信贷发展的开端（王卓，2000）[69]。在此后的10余年中，我国小额信贷发展已经经历了四个阶段。

第一，非政府组织的小额信贷产生阶段（1994年初至1996年10月）。我国的小额信贷首先产生于非政府组织运作的小额信贷项目。主要通过三种方式：其一是在国际组织支持下进行的研究性小额信贷试验，以中国社会科学院建立的扶贫合作社为代表。其二是由项目小额信贷直接转变而来的非政府组织小额信贷，以联合国开发计划署的仪陇乡村发展协会为代表，后来的赤峰等乡村发展协会也属于此类情况。其三是在项目小额信贷的基础上派生出来的非政府组织专业化小额信贷，以中国扶贫基金会的“农户自立能力建设支持性服务社”为代表。这一阶段的明显特征是，在资金来源方面，主要依靠国际捐助和软贷款，基本上没有政府资金的介入；人们重点探索的是孟加拉“乡村银行”（GB）模式小额信贷项目在我国的可行性；以半官方或民间机构进行运

① 吴国宝（2001）指出，从1981年开始，国际农发基金在我国开发了15个农业开发项目。共承诺贷款金额为3.8亿美元。

作，并注重项目运作的规范化。

第二，政府大规模参与阶段（1996 年 10 月至 2000 年）。从 1997 年开始，为了解决贴息贷款到户率低的问题，借鉴国内非政府组织操作小额信贷的做法，在扶贫贴息贷款的分配管理体制中新建了负责贷款小组组建、贷款项目选择和帮助资金回收的扶贫社（服务社、工作站等），从而使原来由扶贫办和农业银行（期间一段时间是农业发展银行）组成的二维一体体制，转变为由扶贫办、农业银行和扶贫社三位一体的体制。这一阶段的明显特征是，政府从资金、人力和组织方面积极推动，并借助小额信贷这一金融工具来实现扶贫攻坚的目标，与此同时，第一阶段中非政府组织操作的小额信贷也注意与国际规范的接轨。

第三，农村信用社参与阶段（2000 年初至 2005 年 6 月）。中国人民银行于 2000 年初出台了《农村信用社农户联保贷款管理指导意见》和《农村信用社农户小额信用贷款管理暂行条例》。这两项政策的出台，标志着中央银行已经开始在正规金融制度框架内试验过去主要由非政府组织实行的社会担保贷款，即信用贷款方式。同时此举对正在进行的农村信用社改革具有重要的作用。它促进信用社端正经营方向，转换经营机制，丰富完善信用社的真正内涵，而且有利于缓解农户贷款难的问题，有利于抑制高利借贷，促进农村金融和社会的稳定。2001 年 12 月 10 号，中国人民银行又颁布了《农村信用合作社农户小额信用贷款管理指导意见》，这为全面推广信用社小额信用贷款提供了操作平台。

第四，探索建立只贷不存商业性小额信贷、村镇银行、小额贷款公司以及外资参与的全新阶段（2005 年 6 月以后）。在农村金融总体改革框架之下，为适应农村金融市场开放的政策取向，由包括私人资本在内的多种资本投资的商业性小额信贷机构开始在试点地区出现。这一阶段小额信贷发展的突出特点是，由国家金融管理部门（人民银行或者银监会）推动，由商业性资金或者正规商业银行等投入和经营。我国小额信贷试图在“政策性目标和商业性资本”之间，走出一条新路，最终能够在业务覆盖面和机构可持续性两个方面同时获得进展。

至此，我国形成了非政府组织小额信贷、政府组织小额信贷、正规金融机构小额信贷、商业性小额贷款公司、村镇银行以及外资参与小额信贷并存、共同发展的局面。

3.2.2 我国农村小额信贷的总量和覆盖面

根据中国人民银行金融市场司2004年的研究报告《非金融机构小额信贷发展报告》，未获得“金融许可证”的组织（项目）被称为“非金融机构小额信贷”，其余的被称为“金融机构小额信贷”。这样，非金融机构小额信贷实际上包含了NGOs和政府小额信贷两种，而扶贫贴息贷款、农村信用社小额贷款和正规商业银行的小企业贷款，都属于“金融机构小额信贷”。在本部分关于农村小额信贷总体情况的评估中，笔者也采用这种分类。

第一，非金融机构小额信贷的总量和覆盖面，这包括NGOs和政府小额信贷两种。上述调研报告（中国人民银行金融市场司，2004）显示，截至2002年年末，全国共计有108个非金融小额信贷机构（项目），其中NGOs小额信贷机构76个，政府小额信贷机构为32个，项目总金额约186亿元，业务覆盖了全国554个乡（镇），4 635个村，几乎遍及全国所有的省（直辖市、自治区）。

根据调查组2002年对其中78家小额信贷机构的调研，截至2002年年末，78家小额信贷机构的贷款余额为1.67亿元，其中NGOs小额信贷占79%，政府小额信贷仅占21%。而NGOs小额信贷中，由国际资助的小额信贷机构贷款余额占61%。调查还显示，我国非金融小额信贷绝大部分集中于中西部地区，2002年年末，西部和中部的小额贷款余额分别占全国总额的9.8%、34.6%和55.6%。

另外我们有一个分别就NGOs小额信贷和政府小额信贷进行的估计，两部分加总大约是17亿元，和上述报告的调查结果基本吻合。首先，据杜晓山（2005）提供的资料，我国的NGOs小额信贷总额大约在11亿元，其中联合国系统的援助项目，包括联合国计划开发署、联合国儿童基金会、国际农业发展基金、世界粮食计划署、国际劳工组织、联合国人口活动基金会，以及世界银行的项目，到1998年年底在我国22个省区的150个县开展，资金总额约10亿元。另外，澳大利亚援助（AusAID）青海海东项目1 400万元（到2002年6月有超过20 000客户正在使用该项目提供的贷款），加拿大援助（CIDA）新疆项目300万元，孟加拉乡村信托投资公司和福特基金会等支持的中国社科院（FPC）项目1 500万元，中国香港乐施会云南和贵州项目120万元，德国技术合作公司的江西项目60万元，DID项目100万元。其次，根据扶贫开发领导小组办公室的估计，到1998年8月，我国的政府小额信贷总额约为6亿元并在全国22个省605个县开展（杜晓山，2002）[70]。

第二，金融机构小额信贷的总量和覆盖面，这包括农业银行（农业发展银行）发放的扶贫贴息贷款、农村信用社的小额信用贷款和农户联保贷款，以及正规商业银行的小企业贷款。根据我国银监会的资料，截至2005年年末，全国农村合作金融机构（含农村信用社，农村商业银行和农村合作银行）农业贷款余额达10 071亿元，比2002年增长80.5%，高于同期各项贷款余额平均增速22.6个百分点。其中农户贷款7 983亿元支持了7 100多万农户，占我国2.2亿农户总数的60%。这就是说凡是向农信社提出贷款申请的农户，60%都能得到贷款。农村信用社发放的小额信用贷款和农户联保贷款，到2004年10月末，总额已经达到263亿元（中国人民银行小额信贷专题组，2005）。另据何广文、胡必亮等（2000）对贵州铜仁地区10县市的调查，在信用社开展业务的90个村中，客户覆盖率为17.4%~70%，平均达到41%，高于全国的平均水平，但贷款额度的满足率大概只有20%~30%，也就是说，农民实际获得的贷款只有有效贷款需求的二至三成[71]。

农业银行扶贫贴息贷款的规模较小。据中国农业银行统计，截至2004年6月末，全国5万元以下的小额扶贫贴息贷款余额为381亿元，涉及农户1 175户。而根据银监会的统计数据，截至2005年末，我国主要银行业金融机构的小企业贷款余额已达到2.68万亿元，比当年初增加205 736亿元（张元红，2002）[72]。同时，在我国各种类型的小额信贷市场中，政府小额信贷、NGO、扶贫贴息贷款、农村信用社小额信贷和商业银行小企业贷款的数量各不相同，其总量呈数量级依次上升（具体参见表1）。实际上，从总量来看，政府小额信贷和NGOs类型可能是微不足道的。

表1 对我国各种类型小额信贷市场总的估计

类型	政府小额信贷	NGO	扶贫贴息贷款	农村信用社小额信贷	商业银行小企业贷款
总量(亿元)	6	11	381	2 263	26 800

资料来源：农村金融体系框架、农村信用社改革和小额信贷（杜晓山，2002）[70]

3.3 我国农村小额信贷商业化的探索

农业银行、农业发展银行和农村信用社原是农村正规金融安排的主要形式。但自1996年开始，中国农业银行开始与农村信用社行社分离，并大量撤并其设在乡镇的分支机构，逐渐退出农村金融市场。而中国农业发展银行目前主要负责农副产品收购贷款，尤其是粮食和棉花收购贷款，基本不与农民发生信贷业务。至此，农村正规金融安排的市场结构已经发生显著变化，农村信用社成了为农户提供贷款的最重要金融机构。而且，在商业化小额信贷领域，又以农村信用社和小额贷款公司为主（国家统计局农村调查社会经济调查总队，2005）[73]。因此，在关于正规金融机构的小额信贷的叙述中，本书将着重介绍农村信用社和小额贷款公司。

3.3.1 农村信用社小额信贷

1999年年末，为解决农户贷款难问题，中央银行在农村信用社领域引入并大力推广了农户小额信用贷款业务，将小额信贷发展推向了商业化的路径中。农户小额信贷的开展，对于解决农村金融供需矛盾，增强农户从正规金融机构获得信贷支持的能力方面起到了积极的作用，促进了农村金融系统功能的改善。同时，农村信用社农户小额信用贷款的推广被认为是小额信贷在我国发展的转折点。吴国宝（2003）的研究认为，由于农村信用社在争取小额信贷发展的合理规章和政策环境方面具有优势，他们很可能将在我国小额信贷的未来发展过程中扮演着越来越重要的角色[36]。何广文（2002）的研究指出，与我国农村贫困地区普遍存在的扶贫小额贷款相比，农村信用社在开展小额信贷业务中具有较大优势，并且指出这些优势主要体现在：资金实力更加雄厚；与信用评级制度结合，有利于农户信用观念、金融文化的培育；贷款的直接成本和间接成本均较低等方面[74]。苏存和李杨（2001）从农村信用社的定位问题出发，在追溯当前农村信用社所面临的困境的根源时认为，“农村信用社从创立构想问世以来，其主旨就在于立足微观金融①”。农村信用社开展小额信贷业务至今，汲取了经典的孟加拉国乡村银行（GB模式）经营的合理成分，利用农村社会广泛存在的社会资本，针

① 所谓“微观金融”同样指的是microfinance或micro credit，在关于microfinance的翻译中，有译为小额信贷、微观金融或者小额信贷金融等等，其本质含义是相同的。

对缺乏有效抵押担保的农户实行信用放款，有效地解决了农村信用社与农户之间由于信息不对称而带来的农户抵押担保难问题。同时，农户小额信用贷款结合我国的实际进行了创新[75]。截至2003年6月底，全国农村信用社农户小额贷款和农户联保贷款余额达到了1 600亿元，占农业贷款余额的23%。全国90%以上的农村信用社开办了农户小额信用贷款与农户联保贷款。2003年上半年共有6 510万户农户获得了小额信用贷款与联保贷款，占贷款需求农户数的60%以上（国家统计局农村调查社会经济调查总队，2003）[76]。

3.3.2 商业化小额贷款公司

在组建商业性农村小额信贷机构方面，2004—2006年连续三个中央1号文件中，均提出了创新农村金融供给的思路，鼓励有条件的地方在严格监管和有效防范金融风险的前提下，允许私有资本、外资等参股，积极兴办直接为“三农”服务的多种所有制的金融组，探索建立更加贴近农民和农村需要、由自然人或企业发起的商业性小额信贷组织。鼓励在县域内设立多种所有制的社区金融机构，大力培育由自然人、企业法人或社团法人发起的小额贷款组织，并引导农户发展资金互助组织，以此培育竞争性的农村金融市场。在这种指导思想的支配下，从2005年5月开始，中国人民银行推动了贵州、四川、山西、陕西、内蒙古五省（区）由民营资本经营的“只贷不存”商业性小额贷款机构的试点。自2005年12月27号，中华人民共和国成立以来第一批正式注册的新型民间商业性金融组织——“小额贷款公司”在山西省平遥县率先成立，至2006年10月全国5个试点省（区）共成立了晋源泰、日升隆①、全力、华地、信昌、大洋汇鑫和融丰7家小额贷款公司。这

① 晋源泰和日升隆这两家是以山西平遥旧票号方式命名的小额贷款公司。

些“只贷不存”的小额贷款公司不允许吸收公众存款，只能运用自有资金和来自一个机构的批发性融资开展贷款业务。根据中国人民银行的设计，小额贷款公司的发起人为3~5个自然人和法人（含境外自然人、法人机构），作为小额贷款小组投标合伙人，其资金来源主要是发起人的自有资金。经过三年多的发展，小额贷款公司业务已经取得较大突破。山西平遥是最早开始进行试点的地方，作为我国首批成立的两家商业性小额信贷试点公司，“日升隆”和“晋源泰”已经基本实现了小额信贷为“三农”服务的目标。截至2006年8月中旬，两家公司累计发放贷款3 637.3万元，贷款户数566户，农户贷款率达83.64%，5万元以下的农户贷款占70%~75%。从贷款主要用途看，种植业524.3万元，养殖业608.5万元，农户产品加工业381.4万元，三者占比达48.38%。此外，根据两家公司2007年1月5号发布的2006年度经营报告显示，两家公司累计发放贷款6 956万元，其中投向农业、农产的贷款达到80%以上。到期贷款收回率100%，利息收回率100%，全部为正常贷款（郭利华 等，2007）[44]。

3.4 我国农村小额信贷供需不平衡

3.4.1 农户信贷需求市场

从整个农村金融市场来看，田力、汤敏和陈凡等（2004）曾运用戈德史密斯理论对我国农村金融的理论融量和实际融量进行了描述和测算，得出的结论是：近10年来，虽然我国农村金融的理论融量和实际融量都呈上升趋势，但是我国农村金融融量严重不足，并且金融缺口出现逐年扩大的趋势，从1995年起，农村金融缺口每年都在5 000亿以上[77]。

由于条件的限制，对我国农村地区金融需求总量的估算存在诸多困难，但是从有关专家学者对农村金融市场进行的个案调查结果来看，我国农村地区金融需求不断升温，资金借贷行为发生面大幅度上升。史清华和陈凯（2002）在对山西745户农户的调查中发现，随着时间推移，发生借贷行为的农户比率呈大幅度上升趋势，2000年与1996年相比，由29.63%上升到40.67%[78]。霍学喜和屈小博（2005）通过对我国陕西渭北地区102户农户的借贷行为的持续问卷调查发现西部传统农区的农户借贷需求强烈，在2000—2003年4年间，其持续跟踪调查的102个样本农户中，有73.5%的农户发生过借贷行为，并且借贷发生率呈逐年上升的趋势，即由2000年的31.0%上升到2003年的61.2%，4年内上升了30.2个百分点[79]。与此同时，农户借贷规模逐渐扩大，曹力群（2001）、温铁军（2001）等学者对农户借贷规模的分布特征进行研究后发现，农户贷款中大额借款占有相当的比例，而且随着农村经济的发展，农户借贷资金中用于生产性投资的倾向明显增强[80,81]。如果按照湖南商学院袁立华（2005）对江苏、辽宁、河北、天津、湖南、海南、四川和贵州8个省的18个县市280户农户进行的调查，在经济可承受的范围之内农户可自由选择，农户愿意融入款项的总额为453.67万元，其中最高量为100万元，平均16 202.50元，那么按2004年我国共有农户22 950万户来算，全国农户资金的总需求近37 185亿元。可见农户资金总需求量是巨大的[82]。

促使农村金融需求不断上升的原因是多方面的，综合起来讲主要有三个方面：一是在经历了亚洲金融危机的发展滞缓之后，欠发达地区县域经济也逐步回升，成长加快，金融需求有所增加（张杰，2003）[83]；二是随着农村经济的发展，农业人口逐渐向非农领域转移，外出打工和自营工商业在农村快速发展，产业结构调整步伐逐渐加快，所有这些生产经营行为都需要大量的资金，农户信贷需求在农村不断扩大（颜志杰等，2005）[84]；三是农户家庭消费升温，主要表现为教育消费、住房消费等的升温（周脉伏 等，2004）[85]。

3.4.2 农村信贷供给市场

3.4.2.1 信贷供给不足

现代农业经济发展的世界经验和我国农村20多年的发展实践经验表明：要实现农村地区的可持续协调发展需要两种支持：一是以产权、技术和组织为核心的制度支持；二是以资本形成和资本配置为核心的金融支持（王永龙，2004）[86]。但是在“二元金融”结构下，我国农村金融发展程度严重滞后，金融支持严重不足，特别是欠发达地区尤为明显。

从农村金融供给总量来看，“金融淡化”特征显著。

首先，商业银行“转移阵地”“收缩效应”导致农村融资大幅萎缩。从1993年金融体制改革开始，各国有商业银行不约而同地大量撤并农村地区和欠发达地区的分支机构与营业网点，上收贷款权限。唐仁健（2004）在“农业国际投资论坛”上曾指出，中国农业银行、农村信用社等农村正规金融机构基于资金流动性、安全性和营利性的目标而设计的农村金融产品和金融服务，不能满足农户多样、复杂的信贷需求[87]。在1993年和1996年，农业银行分别进行了政策性业务分离和农村信用社脱钩改革，成为国有商业银行，其贷款结构也不断调整，贷款范围逐渐扩大，涉农贷款余额占总贷款余额的比重逐渐降低。表2反映的是1999—2004年农业银行农业类贷款总量和比重的变化。

表2 1999—2004年中国农业银行农业贷款以及余额占总贷款余额的比重

	1999年	2000年	2001年	2002年	2003年	2004年
农业贷款（亿元）	9 127.28	7 943.15	8 172.41	4 417.42	4 569.15	4 636.1
农业贷款余额占总贷款余额（%）	59	55	51	24	21	18

资料来源：《中国金融统计年鉴》，2005年

从表 3 中可以看出，农业银行农业类贷款总量及其比重大致是逐年下降，农村市场地位弱化。农业贷款余额在全国各项贷款余额中从 1999 年的 59%下降到 2004 年的 18%。

其次，农村信用社“力单难支”，作为我国农村金融主力军的农村信用社无法很好地满足农户信贷需求。根据中国人民银行统计报告对我国农村信用社农户存款、贷款余额 1980—1997 年增长变动的统计分析，农户贷款/存款比例除了在 1984 年达到 41%外，其余年份均在 35%以下，且从 1984 年以来这一比例逐年下降，1996 年最低时为 19%，这从一个侧面说明了农村信贷总量的削弱化与信贷资金外流的扩大化并存。图 2 反映的是我国欠发达的 19 个省份 1997—2007 年的存贷款比。从图中可以看出，我国欠发达地区农村信用社存款/贷款比例基本呈上升趋势。存贷比从 1997 年的 0. 661 上升到 2007 年的 0. 758。说明农村金融主体虽然为农村金融机构提供了大量的资金来源，但其自身的有效需求却得不到满足。

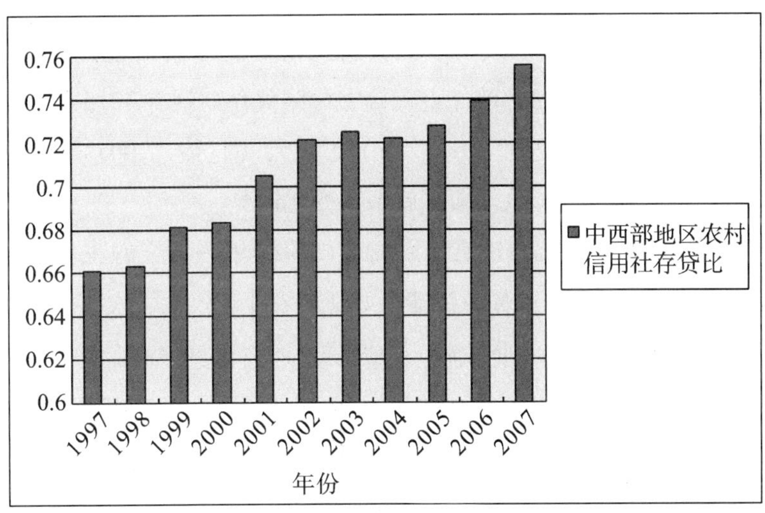

图 2　中西部地区农村信用社存贷比

资料来源：《中国金融统计年鉴》，2008 年

根据国家统计局农村社会经济调查总队对农户固定观察点进行的抽样调查，2000—2003 年，农民每人每年从商业银行、信用社借入的资金为 65.00 元，通过民间借贷借入的资金为 190.00 元，分别占农户借入总资金的 25.49%和 74.51%。江西省农调队对全省 2 450 户农户的抽样调查也印证了这一观点。2003 年该队对全省 2 450 户农户进行抽样调查，有 574 户农户有借贷行为，占 23.4%，其中，从银行或信用社得到贷款的只有 120 户，仅占被调查农户的 4.9%。曹力群（2000）的分析结果还表明，商业银行、农村信用社等正规金融机构提供的贷款在农户借贷款总额中只占 20%~25%，这意味着我国正规金融机构在农村开展金融服务的效率低下[88]。

再次，政策性银行“有脚无头”，没有发挥出对农业投入的资金聚集效应。但由于种种原因，农业发展银行从成立至今只承担收购信贷支持的责任，业务单一，功能缺位明显，空有“发展银行”之名，而无“发展银行”之功能。

最后，邮政储蓄“吸管效应”导致农村资金大量流出。根据专家测算，1979—2002 年，通过邮政储蓄机构的资金净流出量为 8 000 亿元。而 2000 年仅重庆市邮政储蓄机构农村储蓄存款就有 42.5 亿元，而 2004 年 6 月该类存款更是上升至 114.95 亿元（赵怡，2005）[89]。图 3 为 1998—2007 年全国邮政储蓄存款余额变化情况。

从农村金融供给结构来看，农村金融机构单一，金融工具品种单调，基本仅提供存贷款业务，没能很好适应农业现代化、农村金融多样化的需要。而且，在各项贷款中，短期贷款所占比例很高，2002—2004 年农村信用社短期贷款余额的比例分别占到总贷款余额 94.2%，92.5%和 90.7%①。另外，农户的投资理财等中间业务需求、不以营利为宗旨的公益性金融服务，如金融政策咨询、残币和零币兑换等均无法得到满足。

---

① 该数据经过《中国金融统计年鉴》整理而得，2005（1）：1-9。

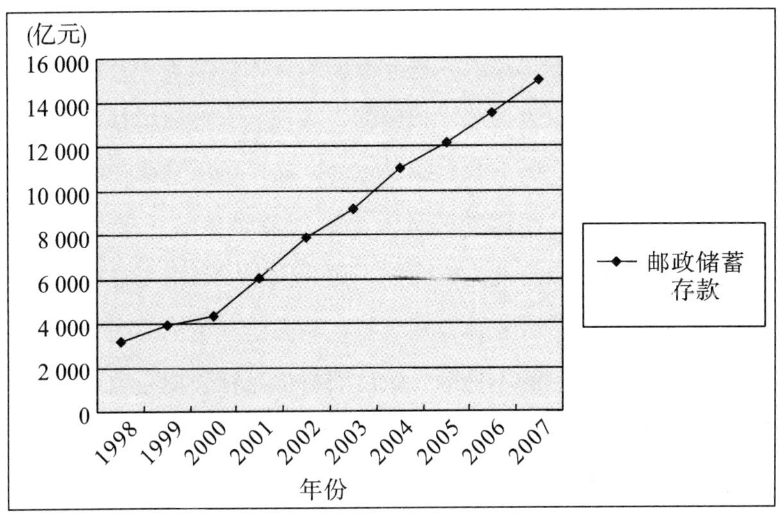

图 3 1998—2007 年全国邮政储蓄存款余额

资料来源：《中国金融统计年鉴》，2008 年

3.4.2.2 信贷供给不足的成因

“如果在某种要素有权分配上存在不平衡，那么该种要素市场就会出现”。但为什么面对我国农村旺盛的金融需求，农村金融领域中的“空白地带”却依然存在，资金供需失衡问题仍较为突出，仍面临着总量规模上的“逆向流动”“逆向配置”和结构功能上的缺位呢?

就农村信用社而言，虽然它在我国一直被认为是农民自己的合作金融组织，政府更赋予了其向农户提供信贷服务的义务①。然而事实上，农村信用社无论在产权结构、管理体制或是政府、农户及信用社对自身的认知上，都被当作了一个“准国有”的金融机构，这造成了长期以来其业务经营的意愿与国有商业银行有着许多的相似之处，比如农村信

① 对于农村信用社的合作性质在理论界有着不同的认识，有些学者甚至认为正规的合作金融在我国根本从来没有存在过（谢平，2001）。但是从金融法律法规的认定上来看，农村信用社是一直被当作合作金融组织而存在的。而对于政府所赋予农村信用社“支农”的义务而言，这与农村信用社的经营性目标显然存在着一定的矛盾。对此在此且不讨论。

用社的经营定位也在传统的银行业务方面、着眼于大额贷款的客户群体及其内部组织结构设置也适应大额业务的需要而设立等等。因此，农村信用社在开展小额信贷方面缺乏积极的主动性。农村信用社在推广农户小额信用贷款时，其面临的行政激励过高，而市场激励存在不足（何广文，2003）[90]。另外，与国外的进入小额信贷领域的正规金融机构相比，农村信用社存在自身能力方面的不足。由于农村信用社产权结构的不明晰，致使信用社产权主体长期缺位，法人治理结构不完善，法人自主权缺失；而管理体制的不理顺，致使农村信用社长期在政府隐性担保下运行，难以成为真正的市场主体从事经营活动（孙天琦，2001）[91]。同时，长期以来政府过多介入农信社的管理，导致农村信用社难以形成“硬化”的预算约束机制，在政府隐性担保下农村信用社并不十分关心自身的经营与发展，更谈不上对于机构能力的构建（徐忠 等，2004）[92]。在此，来自外部金融监管部门（体现了政府意愿）对信用社的“过度管理”致使信用社缺乏足够的成长与发展空间（杨颖，2000）[93]。基于此，即虽然小额信贷业务对于农村信用社的绩效改善十分有益，但是来自监管当局的过度管理使得信用社并不是从经济角度考虑进入小额信贷领域，其更多的是出于行政激励（冯兴元 等，2004）[94]。如是，使得农村信用社农户小额信用贷款的发展缺乏足够的持续性。

试点的7家小额贷款公司作为新型商业性金融组织，主要针对农户、个体经营者和微小企业发放贷款，但是它们没有金融许可证，不属于金融机构，不吸收存款，也不存在系统性风险①。值得注意的是，我国的小额贷款公司不同于国际流行的非政府性小额信贷组织。国际上的

① 因为不吸储，而贷出的又是他们自己的钱，风险便为他们自己承受。就像企业一样，用自己的钱经营，若发生亏损只亏自己，即便倒闭了也不会引起存款人的恐慌和社会的不稳定。

NGO（非政府组织）大多是慈善性组织，资金来源于捐款，所以很难做大。我国的小额贷款公司在设计上确定为“走可持续性发展的商业化道路”，要体现商业性、营利性、可持续性。原则是“自主经营、自我约束、自我发展、自担风险”。资金来源是自然人的合法收入。即小额贷款公司不是以扶贫为目的的组织，走的是商业化的以工补农道路①。实施小额贷款公司的主要目的在于通过创建小额信贷组织，给垄断农村金融服务领域的农村信用社培育竞争对手，促进农村资金回流，引导和规范民间融资，为形成竞争性农村金融市场创造条件（岳希明 等，2006）[95]。但是，在《关于调整放宽农村地区银行业金融机构准入政策更好地支持社会主义新农村建设的若干意见》出台之前，作为倡导者的中国人民银行也没有给小额信贷组织一个明确的定位，只是将其作为民间金融来对待，也不对其进行监管。在没有存款来源的前提下小额信贷组织的生存发展之道就是循环运作，即贷款回收后再贷。因为当时的主流观点是“本来就是小额贷款公司，它要解决的问题是一个地区的小额贷款需求，干嘛要做大呢？既然是小额贷款，需要的资金量不会很大，也不需要跨地区发展，能解决当地的一些生产、就业需求就可以了”。因此7家试点小额贷款公司在经营中面临了三个主要的共性的问题：后续资金补充问题、合法身份问题、监管缺位问题。其中最为关键的是后续资金补充问题，由于小额贷款公司试点被要求不能吸收存款，因此所有贷款只能来自资本金，一旦发放的贷款过于集中或不能及时回笼，如果没有后继资金补充，公司将面临无资金可贷的局面②。为了补充后续

① 平遥小额贷款公司的贷款对象重点是从事种植业、养殖业、林果业、农副产品加工业、农村流通业、农村中介服务和其他农村社会事业的生产者。“三农”贷款比例不低于75%，单笔金额最高不超过10万元，其中5万元以下农户贷款比例不低于70%。

② 日升隆，2005年底注册资本1 700万元，到2006年8月下旬已累计放贷超过1 600万元；晋源泰，注册资本1 600万元，8月初追加400万元，总计2 000万元，已累计发放贷款超过1 997万元。小额贷款公司的经营管理者表示：如果没有进一步的国家的政策支持，即使注册资本再多，也不可能满足市场需求。

资金，试点公司试图向包括世界银行、国家开发银行等在内的不少中外资金融机构求援，但因为政策的不确定性、盈利能力控股权等问题，都没有成功，这使得小额贷款公司从根本上缺乏可持续发展的基础（张杰等，2005）[96]。

民间金融活跃，但不规范。虽然根据有关调查，农户借款行为的61%是以民间借贷方式实现的，而农户放款行为的94%是在亲戚、邻居和朋友之间进行的（何广文 等，2005）[97]。但是，我国的民间金融的发展一直游离于农村金融体系建设规划之外，在“制度真空”的状态下，这些非正式金融组织的运作机制及其发行的非标准合同性金融工具所隐含（或已经实现）的金融风险，较之其可能提供的金融便利与效率而言，总是更加令人注目，备受质疑（张杰，1999）[98]。因此，民间金融虽然有其存在的合理性，但是始终处于一个非正式、不规范的状态中，其发展与完善仍需走一段很长的路。图4显示了我国农村信贷的规范化和组织化程度。

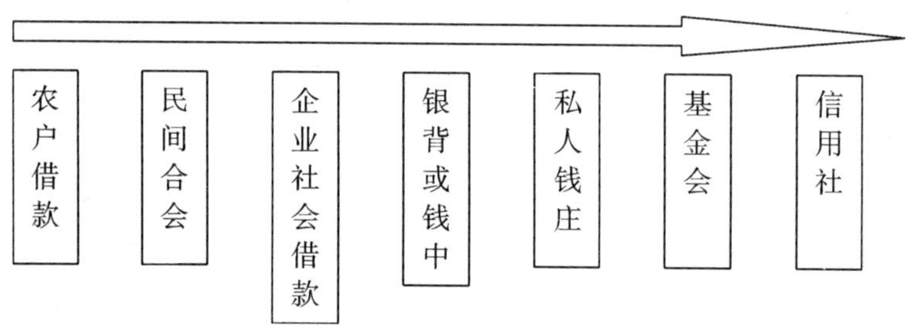

图4 我国农村信贷的规范化和组织化程度

注：我国的农村信用社不是真正意义上的“合作金融”组织，具有较强的官办色彩

农村金融理论发展至今，对于构建有效的农村金融市场机制的认识早已成为共识。但是，在我国农村金融实践中，如何向农村人口提供有效的金融服务依然是我国政府所面临的挑战，而资金约束已经成为我国农村经济发展最重要的瓶颈之一。当前，在我国农村金融领域存在着诸

多的问题，从宏观层次来讲主要表现在正规金融机构的金融服务难以到位，而民间金融在“零监管”情况下无序发展，从微观层面讲主要表现在金融机构自身经营举步维艰，而农户长期因“贷款难”而阻碍其发展（杨家才，2003）[99]。所有这些问题集中体现在农村金融的供给与需求出现严重失衡（周立，2005）[100]。事实上，尽管农村信用社和商业性小额贷款公司在向农户提供小额信贷方面做出了很多努力，但是由于自身和外部环境存在较多问题，农户的金融需求仍然得不到有效满足。

3.5　我国农村小额信贷创新

3.5.1　村镇银行的定义及相关规定

为有效解决社会主义新农村建设中金融供给不足问题，2006 年 12 月 20 号，银监会出台了《关于调整放宽农村地区银行业金融机构准入政策更好地支持社会主义新农村建设的若干意见》（下称《意见》）。这一“新政”从机构种类、资本限制等方面，大幅度降低了新设金融机构的进入门槛。

此后银监会又公布了 6 项相关的配套文件①，旨在规范三类新型农村金融机构——村镇银行、贷款公司、农村资金互助社的设立与退出、组织机构、公司治理及经营行为，规范其组建审批的工作程序等等。这

① 这 6 项行政许可实施细则文件分别是《村镇银行管理暂行规定》《村镇银行组建审批工作指引》，《贷教公司管理暂行规定》《贷款公司组建审批工作指引》，《农村资金互助社管理暂行规定》《农村资金互助社组建审批工作指引》。该 6 项配套文件的出台，标志着村镇银行、贷款公司和农村资金互助社等三类新型农村金融机构将很快现身内蒙古、吉林、湖北、四川、甘肃和青海六个试点省份。2007 年共有 13 家村镇银行获批成立。

六个文件的及时发布为新型农村银行业金融机构服务“三农”提供了制度保障，必将促进农村金融体系的完善和农村金融服务水平的提高，促进城乡金融和经济的协调发展。根据《意见》“宽准入、严监管”的基本原则，各银监局必将落实调整放宽农村地区金融机构准入政策，积极引导各类金融机构到农村地区投资创业。

根据《村镇银行管理暂行规定》的定义，村镇银行是指经我国银监会依据有关法律、法规批准，由境内外金融机构、境内非金融机构企业法人、境内自然人出资，在农村地区设立的主要为当地农民、农业和农村经济发展提供金融服务的银行业金融机构。它不同于银行的分支机构，村镇银行属一级法人。

（1）设立条件

设立村镇银行的发起人或出资人中应至少有 1 家银行业金融机构；在县（市）设立村镇银行，其注册资本不得低于人民币 300 万元；在乡（镇）设立村镇银行，其注册资本不得低于人民币 100 万元；注册资本为实收货币资本，且由发起人或出资人一次性缴足。

（2）组织结构及人员选任

在公司治理方面，村镇银行可只设立董事会，行使决策和监督职能；也可不设董事会，由执行董事行使董事会相关职责。村镇银行可设立独立董事。村镇银行设行长 1 名，根据需要设置副行长 1~3 名。规模较小的村镇银行，可由董事长或执行董事兼任行长。

村镇银行必须有符合任职资格的董事和高管人员，具备相应专业素质和从业经验的工作人员，有必需的组织机构和管理制度，有符合要求的营业场所、安全防范措施及与业务有关的其他设备，也要符合银监会规定的其他审慎性条件。

（3）股权设置及股权变更

根据银监会要求，最大或唯一的境内银行业金融机构持股比例不得低于20%；单一自然人持股比例、单一其他非银行企业法人及其关联方合计持股比例不得超过10%；任何单位或个人持有村镇银行股份总额5%以上的，应当事先经所在地银行业监管机构批准。村镇银行的股份可依法转让、继承和赠予，但发起人或出资人持有的股份自村镇银行成立之日起3年内不得转让或质押。村镇银行董事、行长和副行长持有的股份，在任职期间内不得转让或质押。

（4）业务范围

经过银监分局或所在城市银监局批准，村镇银行可经营下列业务：吸收公众存款；发放短期、中期和长期贷款；办理国内结算；办理票据承兑与贴现；从事同业拆借；从事银行卡业务；代理发行、代理兑付、承销政府债券；代理收付款项及代理保险业务；经银行业监督管理机构批准的其他业务。同时，按照国家有关规定，村镇银行可代理政策性银行、商业银行和保险公司、证券公司等金融机构的业务。有条件的村镇银行要在农村地区设置ATM机，并根据农户、农村经济组织的信用状况向其发行银行卡。对部分地域面积大、居住人口少的村、镇，村镇银行可通过采取流动服务等形式提供服务。

（5）风险防范

村镇银行应建立审慎、规范的资产分类制度和资本补充、约束机制，确保资本充足率在任何时点不低于8%，资产损失准备充足率不低于100%。对资本充足率大于4%但低于8%的村镇银行，适时采取限制其资产增长速度、固定资产购置、分配红利和其他收入、增设分支机构、开办新业务等措施；对限期内资本充足率下降至4%、不良资产率高于15%的，可适时采取责令调整董事或高级管理人员、停办所有业务、限期重组等措施进行纠正：对在规定期限内仍不能有效实现有效重组、资本充足率降至2%以下的，应适时接管、撤销或破产。

（6）资金使用

根据规定，村镇银行可以吸收公众存款，在缴足存款准备金后，其可用资金应全部用于当地农村经济建设。村镇银行发放贷款应首先充分满足县域内农户、农业和农村经济发展的需要。确已满足当地农村资金需求的，其富余资金可投放当地其他产业、购买涉农债券或向其他金融机构融资。村镇银行可以采取一次授信、分次使用、循环放贷的方式发放贷款。但不得向关系人发放信用贷款；向关系人发放担保贷款的条件不得优于其他借款人同类贷款的条件。村镇银行不得发放异地贷款。村镇银行对同一借款人的贷款余额不得超过资本净额的5%；对单一集团企业客户的授信余额不得超过资本净额的10%。

3.5.2 村镇银行设立的意义

在金融体系比较发达的市场经济国家，银行体系中占绝大多数的是社区性的中小银行，大银行为数很少。我国目前不缺大银行，缺的是为农村服务、为社区服务的中小银行①。国家大幅度降低农村金融机构准入门槛，目的在于打破农村金融垄断地位，建立完整的农村金融市场体系，以解决农民贷款难的问题，从而适应农村经济的快速发展。因此，此次银监会开放农村金融市场的试点②，鼓励新建村镇银行对于改善我国中小金融机构缺乏、农村金融市场竞争性不足的情况，是非常有益的。

村镇银行对农村金融市场竞争性的刺激首先表现在其打破了农信社一股独大局面。村镇银行直接与农村信用社成为竞争对手。村镇银行的

① 众所周知，农民贷款难的问题一直是制约农民增收的关键所在，对于广大农民而言，他们现在最需要的不是存款容易而贷款门槛太高的大银行，而是能够为其解决燃眉之急、贷款门槛低的小银行。

② 2007年3月由民间资本参与的村镇银行崭露头角。四川仪陇惠民村镇银行、吉林省东丰诚信村镇银行和吉林省磐石融丰村镇银行三家村镇银行正式挂牌开始营业。

加入势必打破农村信用社以往的垄断地位，改变农村金融市场这块大蛋糕的利益分配格局。竞争的引入将促使农信社转变经营思路，从更适应市场需求的角度出发进行改革。客观上将促进农村信用社的自我完善，从进行村镇银行试点地区的情况看，农村信用社为了应对来自村镇银行的竞争，正在着力提高自身的企业文化建设、薪酬制度建设、实施信贷员绩效工资考核、清理在贷款过程中存在不正之风的员工、优化更新结算系统、强化电子网络建设等。

其次，村镇银行所占据的政策性优势，不论是对于其他金融机构还是对于民间资本所有者来说都具有强大的吸引力。我国农业和农村经济的发展速度飞快，农民收入必将水涨船高，农村的金融服务需求必将同步提升，农民的金融消费能力也必将大大提高。国家政策的重大变化显然让他们“闻”到了重大商机的气息。重大的政策变化为金融机构“杀”回农村已经提供了良好的政策环境，必将吸引大量的金融资源和民间资本服务“三农”，并与“三农”实现双赢。

4 我国农村小额信贷效率分析

我国农村小额信贷效率是指农村小额信贷运作能力的大小，主要包括小额信贷的宏观效率和微观效率。在改革开放前的计划经济体制中，我国农村小额信贷（金融）是严格按照国家的计划安排进行的，由于金融机构（农村信用社）单一、信贷方式单一、排斥市场作用和缺乏竞争，所以总体效率不高；改革开放特别是20世纪90年代以来，我国农村小额信贷效率在逐步提高，但与发达国家和新兴工业国家相比，我国农村小额信贷效率还处于较低的水平上，农村小额信贷效率低下严重阻碍了农村经济的快速发展。

4.1 我国农村小额信贷效率评估指标体系

4.1.1 影响我国农村小额信贷效率的宏观因素

农村小额信贷的宏观效率包括小额信贷运作对农村经济发展的作用效率和政府监管农村小额信贷市场的效率；农村小额信贷的宏观效率越高，小额信贷作用于农村经济发展的效率和政府监管农村小额信贷市场的效率越高，农村小额信贷结构便越合理，小额信贷资金越安全。

小额信贷运作对我国农村经济发展的作用效率体现在农村地区货币量（包括通货量、货币总量和货币结构）与农村经济总量的关系上。

所谓小额信贷运作对我国农村经济发展的作用效率是指在一定的农村经济货币化或金融化程度条件下既定农村经济总量对货币需求的大小。小额信贷作用于农村经济发展效率越高，农村经济总量对货币量的需求也就越小，农村地区货币量与农村经济总量的比率也就越低。

小额信贷运作对我国农村经济发展的作用效率分析可通过农村地区货币量与农村经济总量比率、农村地区货币结构比率等若干方面来考察。①农村地区货币量与农村经济总量比率。农村地区货币量与农村经济总量比率既是反映农村经济货币化程度的指标，也是从宏观上衡量小额信贷作用于农村经济发展效率的指标。农村地区货币量与农村经济总量比率分为三个层次比率，即农村地区通货量（M_0）与农村经济总量比率、农村地区货币量（M_1）与农村经济总量比率和农村地区广义货币量（M_2）与农村经济总量比率。②农村地区货币结构比率是农村地区广义货币中不同层次货币之间的比率，包括三个比率，即农村地区通货量占货币量的比重、货币量占广义货币的比重和广义货币量占金融资产的比重。随着农村金融创新的扩展和小额信贷效率的提高，在农村地区货币总量中通货所占的比率、在农村地区广义货币总量中货币量所占的比率和在农村地区金融资产总量中广义货币所占的比率会下降（汪三贵，2000）[101]。

政府监管农村小额信贷的效率高低可通过两个方面来考察：一是政府调控农村小额信贷措施的影响力，二是政府调控农村小额信贷效果与预期目标的偏离程度。一般来说，政府监管农村小额信贷效率越高，金融监管当局对小额信贷的调控能力就越强大。政府监管农村小额信贷效率高，人民银行提高或降低小额信贷的基准利率，会带来农村小额信贷资金供给和需求主体灵敏反映；政府监管农村小额信贷效率低，人民银行提高或降低小额信贷的基准利率，农村小额信贷资金供给和需求主体对调控措施反应会非常冷淡。在政府调控农村小额信贷效果与预期目标方面，政府监管小额信贷效率越高，政府调控小额信贷预期目标实现的程度越高，偏离程度越低。

4.1.2 影响我国农村小额信贷效率的微观因素

我国农村小额信贷的微观效率包括小额信贷机构效率和小额信贷市场效率。我国农村小额信贷金融机构效率可分为经营效率和发展效率。我国农村小额信贷金融机构的经营效率主要是通过业务能力和盈利能力反映出来。

我国农村小额信贷金融机构的发展效率是指小额信贷金融机构在市场竞争中开创未来的能力，它主要通过金融创新能力、资本增长能力、设备现代化配置及更新能力、人员素质和经营管理水平等体现出来。金融创新能力是指小额信贷金融机构在发展中开拓新业务、提供新服务的能力，金融创新能力的大小在很大程度上决定着小额信贷金融机构发展的效率；资本充足比率和增长力不但反映着小额信贷金融机构的整体安全程度，也预示着小额信贷金融机构业务扩展的程度；设备现代化配置及更新能力、人员素质和经营管理水平也是影响和决定小额信贷金融机构发展效率的重要指标。

我国农村小额信贷市场效率高低是农村经济发展的重要推动或制约因素，主要包括小额信贷市场的运行效率和对农村经济发展的推动效率。我国农村小额信贷市场的运行效率是其对农村经济发展推动效率的基础，衡量小额信贷市场的运行效率高低的指标主要有如下五个：我国农村小额信贷市场上金融商品价格对各类信息的反应灵敏程度；我国农村小额信贷市场上各类金融商品的价格具有稳定均衡的内在机制；我国农村小额信贷市场上的金融商品数量及创新能力；我国农村小额信贷市场剔除经营风险的能力；我国农村小额信贷市场交易成本高低。我国农村小额信贷市场对农村经济发展的推动效率主要体现在便利我国农村融资和投资、促进资本集中、加速资本转移和促进资金转换等方面。从这一角度分析，我国农村小额信贷市场对农村经济发展的推动效率便突出反映在小额信贷市场对我国农村小额融资需求的满足能力和小额融资的方便程度这两方面。在高效率的农村小额信贷市场上，小额融资者只要出足够价格（利率）便可获得足够资金，小额放款者也是如此，只要接受一定的价格便可将资金借出。我国农村小额信贷市场上融资方便可使农村小额信贷资金借贷双方能够及时实现自己的愿望和需求，而且实现这种愿望和需求并不需要付出过多的精力和时间（李莉莉，2004）[102]。

4.1.3 衡量我国农村小额信贷效率的指标体系

从小额信贷效率概念界定和影响小额信贷效率的因素分析，可以设计出衡量我国农村小额信贷效率的指标体系，我国农村小额信贷效率的指标体系包括宏观和微观两个方面，我国农村小额信贷的宏观效率指标体系包括小额信贷运作对农村经济发展的作用效率指标和政府监管农村小额信贷市场的效率指标；我国农村小额信贷的微观效率指标体系包括农村小额信贷机构效率指标、农村小额信贷市场效率指标和农户资金使用效率指标（见表3）。

表3 衡量我国农村小额信贷效率的指标体系

第一层次	第二层次	第三层次	第四层次
小额信贷宏观效率	对经济的作用效率	货币与经济比率	通货量与经济量比率
			货币量与经济量比率
			广义货币量与经济量比率
		货币结构比率	通货量占货币量的比重
			货币量占广义货币的比重
			广义货币占金融资产的比重
	政府监管效率		政府调控农村小额信贷措施的影响力
			政府调控效果与预期目标的偏离程度

表3(续)

第一层次	第二层次	第三层次	第四层次
小额信贷微观效率	小额信贷机构效率	经营效率	农村小额信贷机构业务能力
			农村小额信贷机构盈利能力
		发展效率	小额信贷机构金融创新能力
			小额信贷机构资本增长能力
			小额信贷机构设备更新能力
			小额信贷机构人员素质水平
			小额信贷机构经营管理水平
小额信贷微观效率	小额信贷市场效率	市场运行效率	价格对信息的反应灵敏程度
			价格的内在稳定均衡机制
			小额信贷市场金融商品数量
			市场剔除经营风险的能力
			小额信贷市场交易成本
		对经济推动效率	小额融资需求的满足能力
			小额融资的方便程度

依据影响我国农村小额信贷效率的因素重要性和数据来源的可获得性，笔者从表4指标体系中选取如下几项来考察我国农村小额信贷效率状况。

选取农村地区货币量与经济总量比率这一指标来评估我国农村小额信贷的宏观效率水平。农村地区货币量相对于农村经济总量的相对规模往往体现了一国农村金融市场发展和经济发展的匹配状况，因此，农村地区货币量与经济总量比率既反映了我国农村地区货币化程度，又基本上代表了我国农村小额信贷的宏观效率。

选取农村小额信贷机构的经营效率来代表我国农村小额信贷机构效率。由于体现出农村小额信贷金融机构的发展效率的金融创新能力、资本增长能力、设备现代化配置及更新能力、人员素质和经营管理水平，其能力或水平高低最终表现为农村小额信贷金融机构的业务能力和盈利能力，即农村小额信贷金融机构的经营效率，因此，农村小额信贷机构的经营效率这一指标基本上反映出我国农村小额信贷机构效率。

选取农村小额信贷市场对农村小额融资需求的满足能力来代表我国农村小额信贷市场效率。由于体现出农村小额信贷市场运行效率的农村小额信贷市场上金融商品价格对各类信息的反应灵敏程度、农村小额信贷市场上各类金融商品的价格具有稳定均衡的内在机制、农村小额信贷市场上的金融商品数量、农村小额信贷市场剔除经营风险的能力和农村小额信贷市场交易成本高低，其效率高低最终表现为农村小额信贷市场对农村小额融资需求的满足能力和方便程度，因此，农村小额信贷市场对农村小额融资需求的满足能力这一指标基本上反映出我国农村小额信贷市场效率；依据农村小额信贷机构的经营效率和农村小额信贷市场对农村小额融资需求的满足能力这两个指标可以评估出我国农村小额信贷的微观效率。

4.2 我国农村小额信贷的宏观效率状况

4.2.1 农村小额信贷运作对农村经济发展的作用效率不高

农村小额信贷的宏观效率包括小额信贷运作对农村经济发展的作用效率和政府监管农村小额信贷市场的效率。小额信贷运作对我国农村经济发展的作用效率是指在一定的农村经济货币化或金融化程度条件下既定农村经济总量对货币需求的大小。小额信贷作用于农村经济发展效率越高，农村经济总量对货币量的需求也就越小，农村地区货币量与农村经济总量的比率也就越低。

农村地区货币量与农村经济总量比率主要是农村地区通货量（M_0）与农村经济总量比率、农村地区货币量（M_1）与农村经济总量比率和农村地区广义货币量（M_2）与农村经济总量比率。众所周知，农村地区通货（M_0）只是最小统计口径下的货币，而在我国现行的农村居民收支形态的统计资料中，现金收入同实物性收支是相对应的，故该现金的统计口径应该大于 M_0；因此，农村地区通货量（M_0）与农村经济总量比率、农村地区货币量（M_1）与农村经济总量比率不能完全反映出我国农村经济货币化程度。

在金融发展理论及其实证研究中，广义货币量（M_2）与农村经济总量比率是一个用来衡量经济货币化程度的经典指标，简称货币化比率。Mckinnon（1973）认为，“货币总量（M_2）与国民生产总值的比率——向政府和私人部门提供银行资金的镜子——看来是经济中货币体系的重要性和货币实际规模的最简单标尺。”计算我国农村广义货币量（M_2）与农村经济总量（GDP）的比率，这一指标基本上可以反映出农村经济货币化程度。如果按照 Goldsmith（1969）以货币化比率为标准，把经济货币化程度划分为三类，即货币化比率在 0.21 到 0.50 之间的经济货币化程度为初级阶段、在 0.51 到 0.90 之间的经济货币化程度为中级阶段、在 0.91 之上的经济货币化程度为高级阶段。我国目前农村经济货币化程度基本上刚好越过初级阶段（见表 4）。

表 4　我国农村经济货币化程度（M_0/GDP、M_1/GDP、M_2/GDP）

年份	M_0/GDP	M_1/GDP	M_2/GDP
1996	9.98	20.36	30.83
1997	11.05	21.58	31.94
1998	12.44	23.61	34.36

表4(续)

年份	M_0/GDP	M_1/GDP	M_2/GDP
1999	14.06	26.74	36.73
2000	17.75	27.62	38.46
2001	20.02	30.66	40.28
2002	21.33	32.33	41.85
2003	22.11	34.16	43.68
2004	23.04	35.01	45.39
2005	23.97	36.47	47.24
2006	24.39	36.92	47.62
2007	25.33	37.28	47.93

数据来源：根据相关年份《中国金融年鉴》和《中国统计年鉴》整理；M_0近似等于农村现金流量，M_1近似等于农村现金流量加上农村活期存款，M_2近似等于农村现金流量加上农村定期存款

货币化比率只是衡量一个国家（或地区）金融发展水平的良好指标，但不能准确地衡量一个国家（或地区）金融市场的宏观效率。在经济货币化程度既定的情况下，较高的 M_2/GDP 意味着金融市场效率较低。由于我国农村金融市场不发达导致小额信贷集中于农村金融机构，农村金融机构单一和小额信贷金融商品单一，从而所创造的小额信贷资金供应量较多；农村小额信贷机构不良资产率较高且不能得到及时的冲销；加上我国农村经济发展缓慢，农村长期处于落后状态，农户对未来收入增长形成悲观预期导致农户谨慎性货币需求的增强，货币流通速度下降；这些造成了我国农村小额信贷的宏观效率较低。我国农村小额信贷效率不仅远远低于发达国家农村金融，也低于新兴工业化国家的农村金融。我国农村小额信贷的宏观效率较低主要表现在我国农村货币化比率指标与农村经济增长之间的联系越来越不紧密。

笔者用我国农业贷款余额与农业增加值的百分比、乡镇企业贷款余

额与乡镇企业增加值的百分比来衡量农村小额信贷在农业、农村工业发展上的作用效率状况（见图5）。

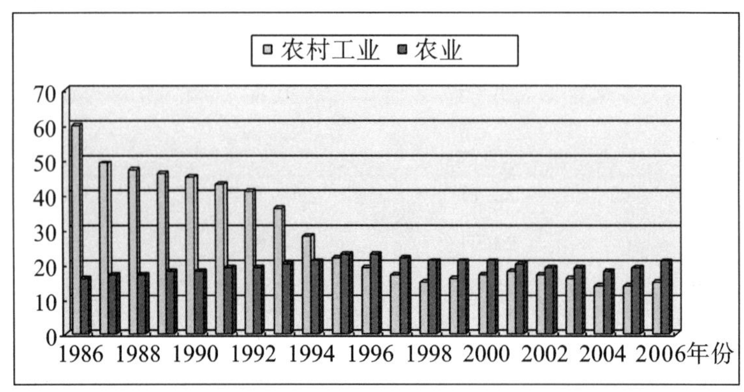

图5　农村小额信贷在农业及其农村工业发展上的作用效率

数据来源：农业增加值来自各年份《中国统计年鉴》，乡镇企业增加值来2006年《中国乡镇企业年鉴》，农村货款数额来自各年份《中国金融年鉴》，各数据经笔者处理

由图5可知，在20世纪90年代初期以前，农村小额信贷在农村工业发展上发挥了较大的作用，一些研究也证明，在这一段时期乡镇企业的融资对农村小额信贷机构如农村信用社、农业银行等具有较强的依赖性（温涛 等，2005）[103]；在这之后，农村小额信贷在农村工业发展上的作用态势发生了逆转，农村小额信贷在农村工业发展上的作用逐渐弱化，并且一直处于较低水平；与此同时，我国乡镇企业的发展速度也逐渐放慢，导致了农民收入增长缓慢甚至停止。由于农业生产的效益比较低下，农户不愿投资农业生产，农村小额信贷在农业发展上发挥的作用一直较小。总的来说，我国农村小额信贷运作对农村经济发展的作用效率是比较低的。

4.2.2　农村小额信贷市场的政府监管效率不高

我国农村小额信贷的政府监管效率也比较低。中国人民银行对农村金融机构面向农业生产发放的小额信贷利率实行严格管制，虽然农村金融机构在基准利率的基础上有权自行决定农业生产贷款利率上下浮动的幅度，但是农村金融机构发放农业生产小额信贷的利率变动范围不大。在农村金融机构发放从事农业生产农户的小额信贷的经营成本较高的情况下，农村金融机构即使按照人民银行允许的最高利率发放农业生产贷款，每一笔农业生产小额信贷的收益也不能弥补其成本（盛来运，2005）[104]。根据调查研究得知，目前，我国农村金融机构发放给从事农业生产农户的小额信贷成本率比发放给从事非农业生产农户的小额信贷成本率高出 0.5%，比发放给城镇企业贷款成本率高出 0.76%，而收入率却比发放给从事非农业生产农户的小额信贷收益率、发放给城镇企业贷款收益率分别低 1.03%、1.39%。由于农业生产小额信贷风险与收益很不对称，虽然中国人民银行不断出台鼓励农村金融机构增加支持“三农”发展的小额信贷，但农村金融机构却逐渐减少向从事农业生产农户的小额信贷发放。

4.3　我国农村小额信贷的微观效率状况

4.3.1　我国农村小额信贷机构的经营效率较低

我国目前农村经营小额信贷业务的金融机构主要囿于三种：农村信用社、农业银行与农业发展银行。由于农村金融机构的经营效率状况一方面反映出金融体系自身的效率；另一方面也关系到农村金融机构是否具有可持续发展小额信贷业务的能力。农村金融机构的经营效率主要包括盈利水平、风险水平、抗风险能力和持续发展能力。

4.3.1.1　农村金融机构盈利水平较低

就农村信用社的盈利水平来看，由于地方政府的行政干预，如指令性贷款支持乡镇企业；体制改革负担，如农业银行和信用社脱钩时遗留给信用社的呆账、农村合作基金会并入信用社时带来的损失；农村信用社自身经营管理不善等；造成我国农村信用社大多数年份亏损特别是农村信用社改革以前历年亏损。农村信用社改革后，虽然农村信用社经营状况有所改善，但经营效率仍然较低。银监会公布的资料显示，2003年全国农村信用社（包括农村商业银行）的利润总额为1.63亿元左右，结束了自1994年以来持续亏损的局面。但是按照2004年第一期《中国人民银行统计季报》披露的资料，到2003年12月底，全国农村信用社（不包括农村商业银行）的总资产达26 746.2亿元；如果将农村信用社利润额和总资产相对照，不难发现，农村信用社的1.63亿元左右的盈利额除以26 746.2亿元的总资产，盈利率为0.006 1，由此可以看出我国目前农村信用社的盈利率是相当低的。其次，农业银行的盈利水平也很低。主要原因在于，农业银行盈利水平既与国有银行经营机制制约有关，也与目前农业银行还承担着农村扶贫、农业综合开发以及农业基础设施建设等农村政策性金融业务有关。另外，由于农业发展银行是政策性银行，承担了一部分财政职能，其盈利水平也较低。

4.3.1.2 农村金融机构小额信贷风险水平较高

考察农村金融机构小额信贷风险水平的一个重要指标是不良贷款率。按照不良贷款“一逾两呆”的统计口径，我国农村信用社的不良贷款余额及其不良贷款率还是很高的，表6提供了1998—2007年农村信用社的不良贷款余额及其不良贷款率。近年来由于各地农村信用社普遍加大了贷款清收力度，再加上2004年中国人民银行对8个首批改革试点省（市）农村信用社发行专项票据置换不良资产和历年挂账亏损，这些都促使从2001年以来，农村信用社不良贷款余额呈递减趋势。从表5可知，不良贷款率的递减趋势较不良贷款余额的递减趋势更明显，这实际上表明，贷款总额的增加对不良贷款率下降起到了很强的稀释作用。

表 5　　农村信用社不良贷款余额及其不良贷款率

指标	1998	1999	2000	2001	2002	2003	2004	2005	2006	2007
不良贷款余额（亿元）	3 763	3 874	5 144	5 192	5 136	5 112	5 097	5 027	5 016	4 973
不良贷款率(%)	38.4	39.2	44.7	38.9	36.9	29.6	23.3	20.8	18.9	17.6

数据来源：根据我国银监会所公布的资料整理

农业银行和农业发展银行的不良贷款率也比较高。农业银行不良贷款的形成，既有国有商业银行不良贷款形成的共同原因，也与其服务对象所处行业有关。在农业银行所有贷款中，涉农贷款的不良贷款率最高。据统计，2001 年年末，农业银行涉农贷款不良比率为 35.59%，高于农业银行常规贷款不良比率 7.5 个百分点。

按照五级分类法统计，我国农业发展银行的不良贷款率在 2003 年底高达 36%。20 世纪 90 年代以来，每次新的粮食流通体制改革措施推行之前，基本上都是将上一轮粮改所形成的亏损做停息挂账处理，这就在农业发展银行形成了“亏损挂账”。另外，由于政策性银行存在弱化盈利原则、强化对特定对象和范围资金供应的刚性约束，因此，从农业发展银行自身来说，容易导致注重资金的供应而疏于资金运用的监管；从融资对象来说，容易诱发只享受优惠政策的信贷权利而不承担相应义务以及拖欠贷款、有钱不还等搭便车行为的发生。这些都造成了农业发展银行的不良贷款率过高（谢平 等，2006）[105]。

4.3.1.3　农村金融机构抗风险能力低下

考察农村金融机构抗风险能力的一个重要指标是资本充足率。农村信用社股本金普遍严重不足，产权不明晰，法人治理结构不完善，内部管理责任不落实；同时，我国农村信用社和农业银行普遍存在着历史包袱沉重、信贷质量差、亏损面和亏损额大的问题，存在较大的支付风险和资本充足率严重不足等问题。2004 年以来，国家通过“央行票据置换资本充足率”措施支持农村信用社资本充足率增长：国家对农业银行曾采取过包括发行特别国债充实资本金、剥离不良贷款在内的一系列措施提高其抗风险能力，但农村信用社和农业银行的资本充足率仍然较低，抗风险能力较弱。2002 年我国农村信用社、农业银行的资本充足率分别为 2.35%和 3.41%，都远低于《巴塞尔协议》规定的资本充足率 8%的最低标准。

按照 8%的资本充足率来考察金融机构抗风险能力，我国农村信用社和农业银行抗风险能力较低。如果不是国家承担对农村信用社和农业银行存款安全性的无限担保，使国家声誉和大量忠实而低成本的居民储蓄存款成为我国农村信用社和农业银行大部分的核心资本，我国农村信用社和农业银行早已破产。由于农村信用社产权不清晰、治理结构不合理，导致经营机制不灵活、市场竞争力不强，人民银行依靠农村信用社调控农村小额信贷运作的效果与预期目标偏离程度越来越大，农村信用社越来越依靠人民银行再贷款。但基于国家声誉和大量忠实而低成本的居民储蓄存款上的抗风险能力，随着农村金融机构道德风险的催化，我国农村信用社和农业银行系统风险水平会不断增大，在外资银行巨大竞争下，我国农村信用社和农业银行岌岌可危。

4.3.1.4 农村金融机构持续发展能力不强

由于农村金融机构人员素质较差，治理机制很不完善，缺乏持续经营能力，农村金融机构很难对分散在广大农村地区农户的生产状况、资金需求、信用状况、还款能力做出全面准确的判断，农村金融机构难于或干脆不向农户发放小额信贷；目前农村金融机构为了加强贷款风险管理，对贷款员实行贷款终身责任制，要求贷款员“包放、包收、包收益”，使贷款员只好选择比较富裕的农户或从事风险比较小的非农产业农户放贷，经济实力较弱及贫困的农户或从事风险比较大的农业生产农户反而得不到农村金融机构的贷款；农村金融机构不能很好地满足支持和服务“三农”。

首先，农村金融机构不能满足农业大户贷款需求。对于农业大户来说，几千元的贷款已经难以解决生产经营的资金需要，其资金需求往往是数万元或数十万元。对于这些农业大户，由于缺乏合格的抵押担保财产和保险，农村金融机构感到风险难以把握。农村金融机构小额信用贷款的数量和周期也难以满足农户的生产需要。目前大多数农村金融机构在推广小额信贷时，将小额信用贷款数量固定化，任何农户来申请小额信用贷款几乎是一个固定的数字，而不同地区、不同农户的生产投入存在较大差距。如果减少单笔贷款的数量，就可以满足更多农户的资金需求，但无法发展高新农业或有一定技术含量的需要大资金投入的农业；而如果提高单笔贷款的数量，则无法做到面广，无法满足所有农户发展农业生产的基本资金需要。农村金融机构农户小额信贷的时间设计仍局限于传统农业的资金需要，没有从市场化大农业的角度来设计，如现代农业，反季节种、养殖业，与农业相关的农产品加工、运输、服务业等周期长、资金周转慢，资金的需求时间长，面对农村金融机构小额信贷所要求归还的较短时间限制，许多农户不得不另寻他途。其次，农村金融机构不能满足乡镇小企业贷款需求。由于乡镇小企业普遍技术含量低下、产品结构不合理、管理水平落后、经济效益低下，其信用等级难以达到农村金融机构贷款发放要求。再次，农村金融机构不能满足小城镇建设资金需求。由于小城镇建设存在较大外部性，加之缺乏配套的建设资金，农村金融机构往往不愿意涉足该领域，投放贷款力度很弱，农村金融机构不能满足农村基础设施资金需求。由于用于农村基础设施贷款回收没有保障，农村金融机构不愿意放贷。

4.3.2 我国农村小额信贷的市场效率不高

我国目前农村小额信贷市场属于极高寡占市场类型，而农村信用社处于垄断地位。农村小额信贷市场上农村信用社垄断地位的形成较为复杂，它既是国家的一种制度安排，是一种行政性垄断；同时，农村信用社又处于农村金融市场最基层，网点众多，这些都赋予了它得天独厚的自然垄断条件；近年来，农村信用社的垄断又是市场行为的结果，可称之为市场垄断，只不过这种垄断行为与其他行业的市场垄断行为截然相反，它不是在市场竞争中击败对手而赢得的垄断，而是商业银行主动撤离后的“遗弃物”形成的市场垄断。高度垄断下的农村小额信贷市场效率肯定较低。笔者主要从农村小额信贷市场对农村小额信贷需求的满足能力、农村小额信贷市场剔除经营风险的能力、农村小额信贷市场交易成本三个方面，来考察我国农村小额信贷市场效率。

我国现阶段农村金融市场上正规金融机构主要是农业发展银行、农业银行、农村信用社和邮政储蓄网点，金融机构市场准入被严格管制和贷款利率被严格控制。逐步走上商业化道路的农业银行、农村信用社等出于盈利压力不得不减少面对农户的小额信贷资金供给，人为造成我国农村正规金融机构向农户提供小额信贷资金减少；农业发展银行其政策性功能现在只限于提供短期和长期融资及欠发达地区的区域发展所需资金；农业银行已大量从农村撤并，留存的成了只吸收存款不发放贷款的储蓄所；农村信用社从农村集聚的很大一部分资金并不是用于农业方面，而是用于支持城市建设的，2003 年农村信用社的短期农业贷款才 7 056 亿元，其中农户贷款、农户小额信用贷款和农户联保贷款三项之和是 5 585. 95 亿元；邮政储蓄网点所吸收的储蓄存款直接缴存给人民银行，2003 年末的邮政储蓄存款余额达到 8 985. 7 亿元，其中农村个人存款为 3 066. 1 亿元，占邮政储蓄存款余额的 34. 12%。由于农村资金有很大一部分流入了非农产业和城市工业企业，除少量农户以法定利率R_0获取政策性小额信贷外，大量农户很难从农村金融机构获得低利率的小额信贷，只能依靠非法的民间借贷来满足发展农业生产的资金。

4.3.2.1 农村小额信贷市场对小额信贷需求的满足能力较弱

随着我国金融体制改革的不断深化，国有商业银行结构调整步伐加快，开始从县域经济中实行战略性撤退。1998 年至今，农业银行、建设银行、工商银行以及中国银行共撤并 3.1 万县及县以下机构，上收了贷款权限，原有的信贷、结算以及代收、代付业务急剧减少，县域网点功能萎缩。同时，商业银行信贷业务重点转向大中城市，对农村的放款也只限于大型基础设施、国债配套资金和生态建设等大型项目，对农户的农业生产和乡镇小企业的金融服务处于萎缩状态，造成农村资金通过商业银行严重外流。其次，邮政储蓄利用网点多、深入乡村的优势，大量吸收农村储蓄并转存人民银行，导致农村资金大量外流。尽管从 2003 年 8 月开始，邮政储蓄对新增存款开始自主运作，但由于资金全部上收总局，在缺少有效激励的情况下，很难回流到农村地区。2004 年，邮政储蓄新增存款及其他各类资金 1 807.54 亿元，其中 50%以上来源于县及县以下地区。资金运用方面，98.63%用于同业存放和证券投资，没有流回农村。再次，在商业化改革中，农村金融机构特别是农村信用社经营趋于以利润最大化为导向，农村金融机构出现了非农化特征，许多资金流向城市，有的甚至通过证券公司国债委托理财投向股票市场。由于农村小额信贷资金需求的被满足比率较低，我国农村经济发展一直受到资本缺乏的限制。表 6 提供了 1993—2007 年我国农村资本缺口数量。

表 6　　我国农村资本缺口数量　　单位：亿元

年份	农村资本融量理论值	农村资本融量实际值	农村资本缺口量
1993	7 662. 8	7 101. 5	561. 3
1994	10 288. 4	7 830. 4	2 458. 0
1995	13 221. 6	7 254. 3	5 967. 3
1996	16 553. 7	11 454. 3	5 099. 4
1997	19 291. 4	12 553. 6	6 737. 8
1998	21 960. 8	14 472. 2	7 488. 6
1999	23 624. 2	16 098. 3	7 525. 9
2000	25 352. 6	16 731. 7	8 620. 9
2001	25 674. 9	18 964. 2	6 710. 7
2002	26 523. 8	21 593. 2	5 273. 1
2003	26 866. 3	21 873. 7	4 992. 6
2004	27 645. 2	22 113. 4	5 531. 8
2005	29 379. 9	23 008. 1	6 371. 8
2006	30 097. 6	23 198. 3	6 899. 3
2007	33 079. 2	25 673. 3	7 405. 9

资料来源：根据农村固定观察点资料估计得到

4. 3. 2. 2　农村小额信贷市场剔除经营风险的能力较差

农村小额信贷市场上借贷双方之间存在严重的信息不对称，且缺乏解决信息不对称问题的手段和工具。一些市场中介机构所提供的信用评级和审计过的财务报表等信息在一定程度上可消除贷款者和借款者之间的信息不对称，金融机构会依据市场中介机构所提供的信息发放一部分信用贷款，但我国目前农村金融市场上基本上不存在能够提供信用评级的中介机构。农村小额信贷市场的借款者如贫困农户、个体经营户和微小私人企业等很少有完备规范的财务核算记录，无法提供合格的财务报表数据；他们以前几乎没有向金融机构借款的记录，更不会有信用评级机构提供关于他们信用等级的信息。除了市场中介机构所提供的信用评级信息能够解决信息不对称问题外，贷款市场上借款者所提供的抵押担保物的情况也能在一定程度上解决信息不对称问题，但农村小额信贷市场的借款者收入较低，无法提供合乎金融机构规定的抵押担保物。

由于贫困农户、个体经营户和微小私人企业这些农村小额信贷的借款者的日常生产经营与家庭消费账户往往是不分开的，因此农村金融机构在评估是否发放小额信贷时，不能仅仅根据借款人所要投资项目的前景进行现金流评估，还要把借款人的个人能力、性格（是否吃苦耐劳）、口碑、日常的品行（比如喜不喜欢酗酒赌博）等难以进行量化的相关信息纳入考虑范围。贫困农户的农业生产受自然灾害、市场因素影响很大，一旦遇到较大的自然灾害，往往会颗粒无收。个体经营户和微小私人企业的资金规模小、抵御外界风险的能力很弱，容易受市场风险和经营环境的影响。上述原因使得相对于普通贷款而言，小额信贷的风险更加难以度量和控制，广大贫困农户、个体经营户和微小私人企业等难以获得必要的资金（谢平，2001）[106]。

小额信贷的借款者一般都缺少有效资产作为抵押品，农村金融机构目前比较普遍的做法是直接发放信用贷款或者采取农户联保的形式（王景富，2007）[107]。无论是信用贷款还是农户联保贷款，能否按时收回，很大程度上依赖于借款农户的现金流状况以及个人信用。目前我国农村小额借款农户的信用环境不佳，信用度较低，小额信贷的回收比较困难。特别是在乡镇政府主导下的小额信贷，由于乡镇政府和借款农户还贷意识薄弱，小额信贷的回收更加困难。农村小额信贷大多数用于种植业、养殖业以及其他与自然条件密切相关的小规模生产经营，这些经营项目容易受到自然灾害的影响，加之我国农业生产缺少自然灾害保险，一旦这些小额信贷支持项目遭遇到自然灾害，极容易出现小额信贷还款逾期甚至永远不能偿还。

4.3.2.3 农村小额信贷市场的交易成本较高

小额信贷的单笔金额普遍比较小，如果说给大客户发放贷款相当于“批发业务”，那么发放小额信贷则如同“零售业务”，由于缺乏规模效应，开展小额信贷的运营成本非常高。发放小额信贷要求农村金融机构直接与数量庞大、分布很分散的广大低收入贫困农户、个体经营户和微小私人企业等进行业务往来，这需要耗费大量的人力物力。从贷款的审核环节看，农村金融机构若与每个客户分散谈判，就要付出很高的交易成本；农村金融机构的客户对金融服务的需求一般较为单一，不足以使农村金融机构得到规模经济的收益；贫困农户、个体经营户和微小私人企业等一般缺乏可信的长期信用记录，也没有规范的具有公信力的财务报表，导致农村金融机构在搜集和处理这些客户信用信息方面并无优势，很难了解这类贷款者。从贷款的发放环节看，每笔贷款的发放程序、经办手续和环节大致相同，不论具体涉及的金额有多小，对农村金融机构来说都要付出相同的运作成本。从贷款的监控环节看，由于农村金融机构客户群非常庞大、地点分散，人手相对比较有限，导致每笔小额信贷的用途难以监控。有的小额信贷的借款人提供的住所地址和电话号码不实或者变更后没有通知农村金融机构，导致农村金融机构无法掌握其经营状况和还款意愿等情况，再加上小额信贷业务笔数多，涉及面大，贷款业务人员相对配备不足，使得贷款发放后监控难以进行。

4.4 村镇银行小额信贷效率分析

4.4.1 村镇银行农户信贷概况[①]

从2007年初村镇银行在全国6省区进行试验性质的开展，银监会出台《村镇银行管理暂行规定》和《银监会关于加强村镇银行监管的意见》，使得村镇银行的各项贷款业务得到了长足的发展。从全国的情况来看，截至2007年年底，全国21家村镇银行开办了农户小额信贷业务，占机构总数的78.95%。23家村镇银行开办了专业农户贷款业务，占机构总数的89.47%。农户小额信用贷款余额5 219万元，专业农户贷款余额6 197万元。从获得贷款的农户情况来看，累计约有2.5万户农户获得了小额信用贷款，1.1万户农户获得了专业农户贷款，合计获得贷款的农户3.6万户，其中获得农户小额信用贷款的人数占有贷款需求且符合贷款条件的农户的比例为21.33%，占全部申请农户的18.82%。截至2008年年底，全国有90.91%的村镇银行开办了农户小额信用贷款，农户小额信用贷款余额7 327万元，比年初增长了40.39%，专业农户贷款余额9 256万元，比年初增长了49.36%；超过5.1万户农户获得了农户小额信用贷款，占有贷款需求并且符合贷款条件的农户比例25.50%，占全部申请农户的20.40%。

各省村镇银行农户小额信用贷款的概况如下。

（1）西北地区村镇银行的发展情况。从银监会西安银监局获知，在地处西北的陕西、甘肃、宁夏、青海、新疆五省区，农业经济至今仍在这一地区的社会经济发展中占据主导地位，加之由于自然条件、传统

---

① 本节中的数据均来自笔者对有关村镇银行资料的统计分析。

观念和政策资源配置等多方面因素的影响，其经济发展明显落后于中、东部地区。在这里，如何发挥金融支农的作用、促进农村经济发展变得尤为重要。伴随着村镇银行在全国的试点推广，西北五省区也在广大农户中推广小额信用贷款。据最新的统计，截至 2008 年 5 月末，西北五省区村镇银行农业贷款余额达 635 万元，专业农户贷款余额 721 万元；约有 1.05 万户农户获得了小额信用贷款，占有贷款需求并且符合贷款条件的农户比例 32.81%，占全部申请农户的 26.25%。

（2）江苏省一直是农村金融改革的领军省份，在村镇银行小额信贷的开展中，江苏省各村镇银行从当地农村经济发展和农民增收致富的实际需要出发，大胆探索和创新服务领域与手段，积极开办、大力推广小额信贷业务，取得了十分显著的成绩。截至 2008 年 5 月末，全省村镇银行的农户小额信用贷款余额达 957 万元，专业农户贷款余额 1 168 万元；约有 0.52 万户农户获得了小额信用贷款，占有贷款需求并且符合贷款条件的农户比例 49.06%，占全部申请农户的 25.12%。同时，村镇银行模仿农村信用社的做法，在全省范围内创建信用村镇、信用户，为农户贷款创造良好的信用环境，全省已创建信用村 27 个，信用镇 20 个。另外，村镇银行在借鉴农村信用社经验的基础上，积极尝试各种创新的信贷服务，如淮安、泰州等地推行了“信用一证通”“客户一证通”等新的服务形式，有效增强了农户小额信用贷款的服务功能，提升了服务水平。江苏省村镇银行农户小额信用贷款的目标是，到 2009 年末，贷款余额达到或超过 2 000 万元。

（3）四川省作为第一批成立村镇银行的省份之一，引领了全国村镇银行的发展。四川省仪陇县，较早地开展了村镇银行的试点工作。从 2007 年 3 月，四川仪陇惠民村镇银行把小额信用贷款作为金融支农的重要内容，在积极借鉴仪陇县乡村发展协会小额信用贷款经验的基础上[①]，探索和发展自身独具特色的农户小额信用贷款模式。截至2008年5月末，四川仪陇惠民村镇银行累计向126户农户发放贷款237.6万元，其中农户小额农贷达到112.1万元，小额信贷到期贷款收回率达52.67%，利息收回率达57.62%。

从全国及各省的面上资料来看，村镇银行小额信贷发展迅速，为推动农村经济发展已经发挥了积极的作用。然而，从上述统计数据也不难发现，村镇银行小额信贷所服务的农户数量偏少，提供的贷款金额有限。村镇银行的信贷政策和信贷产品是否真正缓解了当地农户的小额信贷约束，其小额信贷效率运行情况怎样，有哪些经验教训值得农村金融机构总结和吸取，这些问题都迫切需要研究者和政策制定者做出“科学”的回答。本书将从实证的角度进行分析。

4.4.2 关于选取重点评估指标的说明

依据上述分析，本书在评估我国农村小额信贷微观效率时，采用农村小额信贷机构的经营效率和农村小额信贷市场对农村小额融资需求的满足能力这两个指标。按照这样的思路，针对村镇银行小额信贷效率的分析，本书重点选取小额融资需求的满足能力这个指标来考察，这是由于体现出农村小额信贷机构经营效率的业务能力和盈利能力，其效率高低最终表现为小额融资需求的满足能力，因此，小额融资需求的满足能力这一指标可以反映出村镇银行小额信贷效率。当然这并不是否认其他指标的重要性，本书在结合计量结果分析村镇银行小额信贷效率时，依

---

① 仪陇县乡村发展协会是一个旨在帮助和促进贫困人口自我发展、脱贫致富的非营利性的民间社团组织（NGO）。由于协会的贷款服务机制科学有效，当地不少农户都愿意向其申请贷款。协会发展多年来，形成了独特的“仪陇模式”，在全省甚至全国产生了广泛的影响和示范效应。

然会讨论对其他指标的考察情况。

4.4.3 分析思路介绍

为了客观准确地考核小额融资需求的满足能力这个指标，本书从信贷需求和信贷供给两方面来考察农户参与村镇银行信贷的行为，在这里本书需要说明两点：第一，我国农村金融市场严格意义上的市场主体主要是家庭，农村小额信贷活动（或市场）是指参与农村小额信贷活动的资金供给者（农村金融机构）与资金需求者（农户）的行为特征及其两者之间相互关系。本书中的资金供给者与资金需求者是特指与农村小额信贷活动的直接关系来说的，因为从整个农村小额信贷市场甚至金融市场来说，资金最终来源是农户，资金最终需求也是农户，农村金融机构既不是农村小额信贷资金的最终来源也不是最终需求。为了保证分析的科学性，本书将农村小额信贷当作一个独立完整的市场活动加以分析，研究村镇银行小额信贷效率的运行情况，主要是考察村镇银行与农户的行为特征及其两者之间相互关系。第二，小额融资需求的满足能力不仅仅体现在信贷供给方面，信贷需求方面同样不可忽视。村镇银行只有提供适应农户信贷需求的小额信贷产品和服务，才会使供给与需求产生良性的互动。因此，本书拟通过发放调查问卷的方式，获取有关农户信贷行为的第一手数据，计量分析农户参与村镇银行信贷的行为，考察村镇银行小额信贷效率的运行情况。

5 村镇银行小额信贷效率实证分析

本书选取我国第一批试点的三家村镇银行所在的地区作为研究样本，通过调查问卷的方式，收集有关农户信贷行为的第一手数据，分析农户参与村镇银行信贷业务的情况，本研究以下各章使用的数据均来自此次调查。

为了详细掌握样本地区农户借贷行为的基本特征，准确评价村镇银行小额信贷对农村金融所带来的影响，此次问卷调查规范了调查方法，农户调查采取面对面访谈的方式，这种方式有利于调研员直观感受农户的一些家庭特征，如住房、家具、卫生等情况，也有利于根据不同农户的特点及时调整访谈技巧。接下来，本章将详细介绍样本村镇银行、调研地区以及样本农户的基本情况。

5.1 样本银行介绍

本书选取我国第一批试点的三家村镇银行四川仪陇惠民村镇银行、内蒙古固阳包商惠农村镇银行和甘肃西峰瑞信村镇银行作为研究样本，以下各章使用的数据均来自对这三家村镇银行所在地区的570户农户进行的调查。

四川仪陇惠民村镇银行成立于2007年3月1号，注册资本金为200万元，南充市商业银行作为发起人，进行控股，出资100万元，出资比例为50%。四川明宇集团、四川海山国际贸易有限公司、西藏珠峰伟业集团、南充康达汽配集团有限公司、南充联银实业有限责任公司等5个企业，分别出资20万元，出资比例分别为10%。业务范围包括：吸收公众存款；发放短、中、长期贷款；办理国内结算和票据承兑与贴现；从事同业拆借、银行卡业务；代理发行、代理兑付、承销政府债券；代理收付款项及保险业务；经银行业监督管理机构批准的其他业务。目前惠民银行的贷款业务主要分为农户小额信用贷款、微小企业贷款、专业农户贷款三类，贷款对象分别为银行业务覆盖范围内的种、养殖业者和个体工商户、乡镇企业及手工业者等。贷款期限主要分为半年期、一年期和三年期。其中农户小额信用贷款最高贷款金额不超过2万元，只凭信用无需担保即可获得；其余两类贷款最高金额不超过10万元，需要信用和担保。贷款利率在国家基准利率的标准上均作适当上浮。截至2007年年底，存款达1 717万元，发放贷款1 124万元。

甘肃西峰瑞信村镇银行成立于2007年3月15号，由5户非金融机构企业法人、37户自然人与西峰区农村信用联社一起共同出资1 080万元组建，民间资本和产业资本占到股份总额的75%。截至2007年年底，实现各项营业收入283.2万元，其中利息收入251.4万元，年末实现净利润为67.8万元。

内蒙古固阳包商惠农村镇银行成立于2007年4月28号，设在包头市固阳县下湿壕镇，金融机构发起人为包头市商业银行，注册资本300万元。其中包头市商业银行出资180万元，占注册资本60%。包头市邦达兴草业投资公司、包头市金荣装饰建材城公司、包头市为一购物广场公司各出资30万元，非银行法人企业占注册资本30%。4名自然人出资30万元，占注册资本10%。截至2007年年底，这个村镇银行存款余额140万元，贷款172万元（其中贴现75.2万元）。

5.2 样本地区简介

为了把握各地项目的经济发展特点，为后面考察农户的借贷行为提供背景材料和历史经验支持，以下分别简要介绍四川省仪陇县、甘肃省庆阳市西峰区和内蒙古包头市固阳县三个地区的地理、自然环境和经济社会情况，其中仪陇县和固阳县属国家级贫困县，西峰区所属的庆阳市有 5 个国家级贫困县。

仪陇县位于四川省东北部米仓山南缘低山与川中丘陵过渡地带，地势由东北向西南倾斜，山脉河流由西北趋向东南和西南。地形以低山为主，丘陵次之。东邻平昌、营山，南衔蓬安，西同阆中、南部接壤，北与巴中毗邻。东西延绵 61.35 千米，南北宽 56.7 千米，面积 1 767 平方千米，山地占 72.7%，丘陵占 22.7%，平坝占 3.62%，河流占 0.98%。全县辖 56 个乡镇（其中镇 29 个），875 个行政村，6 082 个村民小组，44 个居委会，总人口 107 万，其中农业人口 92 万，人均占有耕地 0.6 亩（1 亩≈666.67 平方米，下同）。仪陇属中亚热带湿润季风气候，夏热冬温，无霜期长，阴雾天多，年平均气温 16℃左右，年降雨量减少，干旱日趋严重。全县主要经营种植业和养殖业。

西峰区地处甘肃省东部，坐落在世界黄土层积淀最深厚的董志塬腹地，是中东部地区联结西北地区的纽带。全区共辖 5 个乡、2 个镇、3 个街道办事处，总人口 32.75 万人，有汉、回、满、藏、壮、朝鲜等十二个民族，是庆阳市政治、经济、文化、商贸中心。西峰属于半干旱大陆气候，光照充足，四季分明。西峰区主要种植粮食、蔬菜和水果。

固阳县位于包头市北部。东与武川县交界，西同乌拉特前旗、乌拉特中旗接壤，南和土默特右旗、包头市郊区毗邻，北与达尔罕茂明安联合旗相连。总面积 5 332 平方千米，占包头市总面积的 52.4%，人口 21.4 万，其中少数民族占 2%。蒙古族 0.23 万人。其他少数民族 0.22 万人，辖 6 个镇。县人民政府驻城关镇。地势东高西低，山地、丘陵面积占总面积的 90%。属温带半干旱大陆性气候。年平均气温 2℃~5℃，无霜期 95~115 天，年降水量 225~375 毫米。全县以种植业和畜牧业为主，共有耕地 285.4 万亩。

综上所述，三个地区的经济发展水平基本接近。仪陇县大力发展种植业和养殖业，2007 年全县实现地区生产总值 46.73 亿元，同比增长 13.6%；地方财政一般预算收入 7 959 万元，增长 37.3%；城镇居民可支配收入 8 779 元，增长 24%；农民人均纯收入 3 266 元，增长 16.1%；三次产业比为 41：28：31，第一产业增加值为 20.3 亿元，第二产业增加值为 12.7 亿元，第三产业增加值为 13.7 亿元，主要经济指标增幅高于全省扩权强县试点县平均水平。西峰区主要以种植业和草畜产业为主。近年来，西峰区把“草畜、果品、瓜菜”三大主导产业开发作为结构调整的重点，全力实施“五个十万”工程，推进农业结构调整，目前农民人均产业收入由 921 元提高到 1 477 元，农业增加值由 3.2 亿元增加到 5.86 亿元，农民人均纯收入达到 2 689 元，高于全市平均水平 659 元。固阳县以种植业和畜牧业为主，截至 2005 年年底，农业生产总值 7.5 亿元，粮食总产 0.255 亿千克，牲畜存栏 90 万头（只）。农业生产常年播种面积 160.9 万亩，其中：粮食作物 96.5 万亩，经济作物 38.6 万亩、其他作物 25.8 万亩。而且，该县矿产资源丰富，以矿产开采、加工为依托的工业发展迅速。作为我国村镇银行第一批试点的地区，仪陇县、西峰区和固阳县不论是当地的经济状况，还是农户的生产生活情况都比较相似，这三个地区在一定程度上代表了我国部分农村地区的现状，农业经营规模以中小型为主，相当一部分农户的生活并不富裕。

5.3 农户资料说明

本次调查收集了样本农户 2007—2008 年 5 月家庭基本情况、生产、生活及其借贷行为的相关数据，掌握了样本地区农户参与小额信贷的基本情况。共调查三个地下区辖的 83 个乡（镇）中的 25 个村（行政或自然村）。

下面简要介绍三个地区的抽样情况。仪陇县的乡镇多，选取向四川仪陇惠民村镇银行借贷较多的 6 个乡镇，二道镇、双胜镇、周河镇、安乐乡、磨盘乡和柴井乡，然后从这 6 个乡镇中抽取 11 个村，在村内随机抽取农户。西峰区选取显胜乡，然后从乡里抽取 5 个村，在村内随机抽取农户。固阳县选取金山镇、西斗铺镇、兴顺西镇、银号镇和怀朔镇，从这 5 个镇抽取 9 个村，在村内随机抽取农户。

本次农户调查问卷分为六部分：家庭成员基本情况、2007 年农业生产活动、2007 年家庭非农经营活动、农户向农业银行和农村信用社贷款情况、村镇银行贷款情况、农户民间借贷情况。

与一般的农户借贷行为调查问卷不同，本项研究的调查问卷增加了以下三个问题：①申请和实际得到的贷款信息，包括贷款机构、贷款金额、贷款期限、贷款用途和贷款利率；②是否需要申请贷款，如未申请贷款，则询问原因；③其他相关背景变量，如贷款用途，抵押品要求等。

本次调查共收回农户调查问卷 595 份，剔除信息不真实和信息不全问卷 25 份，最后得到有效问卷 570 份。三个地区乡镇和最终得到的 570 个样本农户的分布情况见表 7。

表 7 三个地区乡镇与样本农户的分布情况

调查地区	仪陇县	西峰区	固阳县	合计
该县乡镇总数（个）	56	10	17	—
该县总人口（万人）	107	32.75	21.4	—
该县乡村总人口（万人）	92	20	17.1	—
样本乡镇个数（个）	6	1	5	12
样本村个数（个）	11	5	9	25
样本农户户数（户）	201	179	190	570

资料来源：根据三个地区政府提供的相关信息与样本农户数据整理所得

5.4 样本农户基本情况

5.4.1 样本农户的基本特征

正如表 8 所示：①样本农户家庭规模介于 2~12 人之间，家庭平均规模为 5 人。家庭中 15 岁以上的劳动力平均为 2 人。家庭规模分布呈“倒 U”型，这是与我国农村家庭小型化发展趋势相一致的。②样本农户中，户主的年龄在 15~72 岁之间，平均年龄 43.81 岁。③从户主受教育情况来看，样本农户的平均受教育年限仅为 5.59 年，其中 20.2%的农户户主没有上过学，上学最长的为 14 年。④在户主年龄分布上，三个地区的差异值得关注[①]（见表 9）。其一是三个地区分布最集中的年龄段不同，仪陇县和固阳县占比最高的是 41~50 岁年龄段，西峰区占比最高的是 31~40 年龄段；其二是 30 岁以下年龄段的农户占比差异明

① 户主年龄分布说明了长期留在农村的农户的主要群体特征。三个地区的差异是与经济的差异相联系的。

显，仪陇县仅占 5.79%，西峰区占比达到 10.45%，固阳县的比例是 7.34%。我们分析造成这种差异的主要原因在于，对于农业欠发达的仪陇县和固阳县，农村中大部分中青年人外出打工或到当地城市中从事非农产业的比例较高，留在农村的多是年龄段较高的农户。在农业相对发达的西峰区，年轻人还都以在农村就业为主。

表 8　　样本农户的基本特征

项目		最小值	最大值	各自均值	三个地区均值
家庭口（人）	仪陇县	2	12	7.3	5.37
	西峰区	2	10	5.5	
	固阳县	2	7	3.2	
家庭劳动力（人）	仪陇县	2	5	2.7	2.72
	西峰区	2	7	3.4	
	固阳县	2	5	2.1	
户主年龄（岁）	仪陇县	15	65	40.52	43.81
	西峰区	20	70	43.70	
	固阳县	21	72	47.39	
户主受教育年限（年）	仪陇县	0	10	4.37	5.59
	西峰区	0	14	7.03	
	固阳县	0	12	5.52	

资料来源：根据样本农户数据整理所得

表 9　　样本农户户主年龄结构比较

	30 岁以下	31~40 岁	41~50 岁	51~60 岁	60 岁以上
仪陇县	5.79%	20.32%	32.41%	27.32%	14.16%
西峰区	10.45%	27.32%	25.77%	15.59%	20.87%
固阳县	7.34%	21.2%	34.12%	12.07%	25.27%

资料来源：根据样本农户数据整理所得

5.4.2 样本农户经济活动信息

5.4.2.1 从事行业结构

在样本农户中，从事的行业以传统种养殖业[①]为主的农户占45.72%，大多农户在从事农业生产的同时还从事其他行业的活动，农户中兼业化的现象比较突出。从三个地区样本农户参与非农产业的情况来看，参与程度都比较大，仪陇县、西峰区和固阳县参与非农产业的农户占比分别为69.15%、70.23%和67.59%。而对所有从事非农产业的农户来说，具体的行业类型除了县乡村干部、教师、医生等之外，主要是外出打工、经商、在本地企业做工，其中外出打工（占比41.51%）是农户选择最多的方式，经商（占比39.87%）是农户从事非农产业的第二种选择。在三个地区中，仪陇县和固阳县农户外出打工和经商比例要大于西峰区，在本地企业工作的农户比例，则是西峰区高于仪陇县和固阳县（西峰区是15.23%，仪陇县和固阳县分别为6.19%、5.42%），这主要是因为西峰区的当地民营企业较多，可以为农户就业提供一定的机会。

5.4.2.2 家庭收入来源结构

农户家庭收入来源是与农户从事行业紧密相关的。由于农户从事的行业呈现多元化的趋势，农户的经济行为出现多样化，因此农户家庭收入来源也不再仅仅依靠单一收入来源，尤其不再仅仅依靠种植业和养殖业。从样本农户来看，单一收入来源[②]的农户比例为75%，而以种植业

---

① 在问卷中，我们提供的选项包括：a. 粮食作物；b. 经济作物（瓜菜茶桑果种植）；c. 养殖；d. 非农业（包括自办加工业、经商、运输、当地工厂工作或民办教师、乡镇临时干部等）；e. 外出务工（年平均离开所在乡镇半年以上者）；f. 其他，如因年老、长期疾病不具备劳动能力等。这里所指的从事传统的种养殖业农户包括单一选择a、b、c选项的农户和任意组合选择a、b、c选项的农户。

② 指选择单一选项的农户。

作为唯一收入来源的农户比例仅为19.65%，仪陇县和固阳县的比重高于西峰区（仪陇县和固阳县分别为21.4%、19.5%，西峰区17.9%）。同时，农户虽然从事的行业多样，但外出务工已经成为农户最重要的收入来源渠道，其次是种植业和养殖业（见表10）。这表明三个地区的经济活动性质已发生了重大变化——从以家庭经营为主转变为外出务工，同时也与我国广大农村地区的现状基本一致，农村劳动力向外转移，成为某种意义上的“劳动力供给者”。

表10 样本农户家庭收入来源情况

	所有样本		仪陇县		西峰区		固阳县	
	户数	户次	户数	户次	户数	户次	户数	户次
种植业	112	253	43	95	32	83	37	75
养殖业	107	211	39	73	27	52	41	86
在本地或外出做买卖	34	64	10	21	15	29	9	14
当教师、医生、乡村干部、企业工人等工资	25	50	7	15	12	20	6	15
外出务工	130	271	51	102	43	97	36	72
其他	22	47	5	19	7	11	10	17

资料来源：根据样本农户数据整理所得

附注：问卷中回答该问题可以选择多项。因此这里区分了户数和户次。前者是指仅选择该选项的农户个数，后者是指选择该选项的次数

5.4.2.3 样本农户的家庭收入及财产状况

从样本农户对自己家庭收入和财产状况的客观估计来看（见表11）[①]，在总体样本中，25.79%的农户认为自己家庭的收入与财产状况在本村属于中等偏下，20.18%的农户认为自己家庭的收入与财产状况

① 农户对自己家庭收入和财产状况的客观估计存在显著的一致性，因此这里仅列出农户对家庭收入的估计结果。

在本村属于中等，11.23%的农户认为自己家庭的收入与财产状况在本村属于中等偏上，而认为属于高收入和低收入的农户占比分别为9.47%和33.33%。在三个样本地区，仪陇县和固阳县的情况与总体情况比较接近，而西峰区的样本农户中，家庭收入和财产处于高收入（约15.08%）和低收入（约24.02%）两级的比例较小，中等偏下、中等和中等偏上的农户占60.89%。我们认为造成这种情况的可能原因是，西峰区的农村经济发展迅速，但同时也带来了贫富差距的扩大，以传统种植业和草畜产业为主的农户与以非农产业为主的农户间在收入、财产状况上必然存在差距扩大的趋势。

表11　样本农户对自己家庭收入状况的客观估计

	所有样本		仪陇县		西峰区		固阳县	
	户数	比例	户数	比例	户数	比例	户数	比例
低收入(3 000元以下)	190	33.33%	75	37.31%	43	24.02%	72	37.89%
中等偏下(3 000~5 000元)	149	25.79%	52	25.87%	27	15.08%	70	36.84%
中等(5 000~7 000元)	115	20.18%	37	18.41%	57	31.84%	21	11.05%
中等偏上(7 000~10 000元)	52	11.23%	22	10.95%	25	13.97%	15	7.89%
高收入(10 000元以上)	54	9.47%	15	7.46%	27	15.08%	12	6.32%

资料来源：根据样本农户数据整理所得

5.5 农户储蓄情况分析

农户储蓄存款是农村金融中重要的组成部分，从农村金融的主要功能和目的来看，农户的储蓄存款是金融机构进行资金融通的基础。我们的调查主要包括农户对储蓄产品的选择、储蓄的目的、储蓄的资金来源和当前（2008 年 5 月底）储蓄存款余额情况。

5.5.1 储蓄产品的选择

从当前农村金融机构提供的储蓄产品来讲，主要包括定期储蓄产品和活期储蓄产品。从样本农户对这两种储蓄产品的选择来看，无论是在总体样本中或者各个地区样本中，农户更倾向于活期储蓄产品（在总体样本中占比 85.96%）。就三个地区而言，仪陇县样本农户选择活期储蓄产品的比例最高，占比 90.05%；固阳县次之，占比 88.95%；西峰区最低，占比 78.21%（见表 12）。

表 12 样本农户对储蓄产品的选择

	所有样本		仪陇县		西峰区		固阳县	
	户数	比例	户数	比例	户数	比例	户数	比例
定期储蓄	55	9.65%	11	5.47%	29	16.20%	15	7.89%
活期储蓄	490	85.96%	181	90.05%	140	78.21%	169	88.95%
其他*	25	4.39%	9	4.48%	10	5.59%	6	3.16%

资料来源：根据样本农户数据整理所得

附注：其他* 包括没有选择的农户与对储蓄产品没有明确需求的农户。可能的原因是农户没有过多的资金用于储蓄，因此对储蓄产品的种类没有明确的要求

一般认为，就两种储蓄产品的性质而言，活期储蓄产品提供更多的是流动性，而定期储蓄产品提供更多的是收益性，由此我们认为：①从样本农户对储蓄产品的选择来看，现阶段我国广大农户的存款需求呈现这样的特点，即农户在储蓄时更加关注的是储蓄产品的流动性，流动性强、方便、快捷的储蓄产品更加适合农户的需求。②农户对不同储蓄产品的偏好与农户的收入水平相关。由于储蓄是来自于收入减去支出之后的节余，因此只有当农户的收入水平较高而有足够的结余满足流动性需

要之后，其才会选择提供更多收益的定期储蓄产品。从以上对仪陇县、西峰区和固阳县农户家庭收入与财产状况的分析来看，西峰区农户的家庭收入总体上要高于仪陇县和固阳县农户，因此在选择储蓄产品上会出现差异。③不同的储蓄用途也决定了农户对不同储蓄产品的偏好不同。为了即时的、不确定性的需要进行的储蓄，客户一般选择活期储蓄产品，而为了未来一定期限的特定的用途进行的储蓄多为定期储蓄产品，当然这需要在客户有足够资金结余的前提之下。

5.5.2 储蓄存款余额

为了对农户储蓄规模有一定的了解，我们在问卷中设计了关于农户当前（2008 年 5 月底）储蓄存款余额的问题。为了避免具体数据出现失真，问卷中只是提供了可选择的范围[①]。从总体样本的情况来看，大约 45%[②]的农户储蓄存款余额在 1 000 元以下，储蓄存款余额在 10 000 元以上的农户比例在 10%左右。从三个地区来看，西峰区的高储蓄农户比例显然高于仪陇县和固阳县，储蓄存款余额 10 000 元以上的农户比例西峰区为 21.79%，而仪陇县和固阳县分别为 5.47%和 10.00%（见表 13）。同时，图 6 给出了仪陇县、西峰区和固阳县农户储蓄存款余额的分布情况。西峰区除了大于 10 000 元的农户比例高于仪陇县和固阳县外，其他各段农户分布均相差不大。

---

① 不得不承认的是这里我们也无法完全避免数据失真，因为储蓄存款余额是一个家庭较隐秘的信息，农户对此类问题通常是抗拒的。

② 我们认为这一比例存在高估的可能，因为中国人传统的“财不外露”的思想导致许多农户不愿说出家庭真实的储蓄存款余额，在面临问题的选项时倾向于选择最低的值。

表 13 2008 年 5 月底样本农户储蓄存款余额

	所有样本		仪陇县		西峰区		固阳县	
	户数	比例	户数	比例	户数	比例	户数	比例
1 000 元以下	259	45.44%	95	47.26%	74	41.34%	90	47.37%
1 001~2 000 元	97	17.02%	43	21.39%	20	11.17%	34	17.89%
2 001~5 000 元	68	11.93%	32	15.92%	15	8.38%	21	11.05%
5 001~10 000 元	64	11.23%	14	6.97%	27	15.08%	23	12.11%
10 001 元以上	69	12.11%	11	5.47%	39	21.79%	19	10.00%

资料来源：根据样本农户数据整理所得

附注：一般而言，存款余额是一个家庭中较隐私的问题，因此在样本中有 13 户家庭没有做出回答

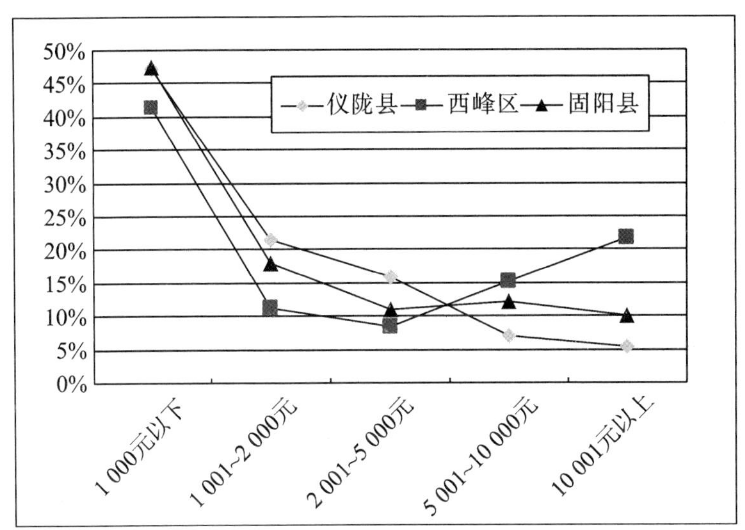

图 6 仪陇县、西峰区和固阳县农户储蓄存款余额分布情况

资料来源：根据样本农户数据整理所得

5.5.3 储蓄用途

从样本农户的储蓄用途来看，三个地区用于以后生活用途和用于来年购买生产资料的户次占比在60%以上。由于农业生产的季节性资金需要，作为购买生产资料的资金通常需要较高的流动性，由此也可以印证仪陇县、西峰区和固阳县农户对活期储蓄产品的偏好。同时，值得注意的是，农户家庭为孩子以后教育费用进行储蓄的比例较高，在总样本中占比达到了18.28%，仪陇县和西峰区高于固阳县，其占比分别为21.17%、21.13%和12.38%（见表14）。

表14 样本农户的储蓄用途一览表

	所有样本		仪陇县		西峰区		固阳县	
	户次	比例	户次	比例	户次	比例	户次	比例
用于以后生活用途	80	12.94%	21	9.46%	27	13.92%	32	15.84%
用于来年购买生产资料	316	51.13%	115	51.80%	92	47.42%	109	53.96%
准备建房	56	9.06%	19	8.56%	15	7.73%	22	10.89%
用于以后孩子上学	113	18.28%	47	21.17%	41	21.13%	25	12.38%
其他(结婚、为工商业经营积累资金、防老等)	53	8.58%	20	9.01%	19	9.79%	14	6.93%

资料来源：根据样本农户数据整理所得

附注：该问题可以多选，因此使用户次对各个选择答案进行分析

通过对样本村镇银行、调查地区以及样本农户基本信息的介绍和分析，可以发现三个地区的经济状况比较接近，农户的生活大都处于中低下水平，主要依靠外出务工、种植业和养殖业获得家庭收入，随着外出务工人员的不断增加，工资性收入成为农户家庭收入的重要来源。同时，调查中还发现，农户的生产性贷款需求逐年下降。此外，随着盖房、治病、子女上学费用快速增长，在农村保险市场缺失和农村社会保

障机制不完善的情况下，农户对非生产性贷款的需求在上升，农户的正规信贷需求已经发生重大的变化。事实上，从需求角度来看，农户借贷不是一个孤立的融资行为，它与农村金融机构之间的“恩恩怨怨”脱离开整个的时代背景是解释不清楚的。从历史发展的角度来看，随着农村经济结构的重大转变，农户自身发生了脱胎换骨的变化，他们既不再是恰亚诺夫、波兰尼和斯科特所言的“道义小农”，也非舒尔茨、波普金所言的“理性小农”（张杰，1999）[98]，尤其在我国经济结构发生重大转变的时期，我国农民从某种意义上讲是“劳动力的供给者”。

6 农户需求与村镇银行供给描述分析

由经济学原理可知，市场运行效率的高低很大程度上取决于供需双方之间的相互关系，两者只有形成良性的互动，才会产生较高的市场效益。因此，在农村小额信贷市场中，小额信贷供给者（农村金融机构）与小额信贷需求者（农户）的行为特征和相互关系成为影响小额信贷效率的关键因素。首先，本章在界定信贷需求概念的基础上，通过分析农户的收入构成与生产活动、借款渠道选择和正规贷款特征，考察农户对当地正规信贷机构（主要指农业银行、农村信用社和村镇银行）的小额信贷需求。其次，利用问卷调查的方式，进一步界定和识别农户对村镇银行信贷的需求。最后，讨论村镇银行的信贷供给机制。

6.1 农户信贷需求分析

为了在经验研究中准确、有效地识别和估计农户对村镇银行信贷的需求，本节首先界定信贷需求概念。农户信贷需求是指在给定贷款产品的条件下的借款意愿。这里特别强调以下两点：首先是强调对“给定的贷款产品”的需求。以没有农村信用社贷款但有民间无息贷款的农户为例，我们难以判断该农户究竟是原本就有信用社贷款需求，只是在受到信贷约束后不得已才转向民间借贷渠道，还是一开始就对正规信贷没有需求，只对民间借贷有需求。因此，必须控制住其他渠道的贷款产品对正规信贷需求的影响，并排除其他渠道对正规信贷需求调查的干扰。其次是有借款意愿。这一点常常会引起误会，一般认为，如果农户缺乏借款意愿，他还可能具有信贷需求吗？实则不然。强调借款意愿主要是针对测量误差而言的，调查中发现一些农户在考察时期其实并不需要正规贷款，甚至不需要任何渠道的贷款，但却主观认为自己贷款难；如果从“贷款难”倒推回去就会误认为他们对贷款有需求，并受到了信贷约束。在界定农户信贷需求的基础上，本书进一步将农户对村镇银行信贷的需求区分为有效信贷需求、潜在信贷需求和隐藏信贷需求。

6.1.1 农户的收入构成与生产活动

农户的信贷需求主要体现在生产和消费两方面。生产信贷需求取决于农户所从事的行业。行业类型和收入结构决定农户是否有潜在的生产和消费信贷需求，进而推测他们对正规信贷机构的小额信贷产品是否有需求。

根据上一章对样本农户从事行业结构的分析，样本农户参与非农产业的程度都比较大，仪陇县、西峰区和固阳县参与非农产业的农户占比分别为 69.15%、70.23%和 67.59%。而对所有从事非农产业的农户来说，具体的行业类型除了县乡村干部、教师、医生等之外，主要是外出打工、经商、在本地企业做工，其中外出打工（占比 41.51%）是农户选择最多的方式，经商（占比 39.87%）是农户从事非农产业的第二种选择。在家庭收入来源方面，外出务工已经成为农户最重要的收入来源渠道，其次是种植业和养殖业，这表明三个地区的经济活动性质已发生了重大变化——从以家庭经营为主转变为外出务工。与家庭经营活动相比，外出务工一般不需要较大资金投入。从依靠农业到依靠外出就业的结构转变意味着大部分农户可能会减少他们对生产信贷的需求。同时，他们依靠外出打工收入和自有储蓄足以解决规模较小的农业生产投入和日常生活消费，通常不需要借款。

基于样本农户从事的行业特征和家庭收入来源结构，除了判定农户因从事外出务工、小规模的种植业和养殖业而缺乏潜在的生产信贷需求外，还发现农户因其收入现金流无法满足定期经常还款而缺乏对给定小额信贷产品的需求。

已有研究（吴国宝，2001）发现整借零还并不适合主要依靠种植业收入的农户，此次调查也证实了这个观点[68]。一方面，大多数农户从事农业生产的目标是满足家庭的基本生存需要，农产品的商品化程度低，整个样本农户的农产品现金收入均值低。另一方面，样本地区（四川、甘肃和内蒙古）的耕作制度为一年两季，农业生长周期较长。因此，种植收入占家庭总收入比重较大的农户很难满足目前每周或每两周还款的小额信贷产品要求。

本次调查发现整借零还同样不适合收入来源主要依靠外出务工的大部分农户。农户工资收入包括外出务工和非外出务工两部分，其中，外出务工收入占了整个工资收入的绝大部分（外出务工收入占到工资收入的91%）。调查资料显示，在样本农户中，有工资收入的农民372人，其中75人（20.16%）没有提供寄、带工资收入回家的时间。在剩余的297人中，每月寄、带回家的有29人（7.80%），年前寄、带回家的有173人（46.51%），不固定寄、带回家的有95人（25.54%）。多数情况下，外出务工者无法保证按时拿到工资，他们寄、带收入回家的时间经常是不固定的。

以上分析表明，大部分农户所从事的经济活动主要是外出务工、小规模的种植业和养殖业，这三项活动一方面不需要太大的资金投入，另一方面，所创造的现金收入流难以满足目前机构每两周或每周还款的要求。因此，对于正规信贷机构的小额信贷产品，农户由于定期还款能力不足而缺乏需求。通常情况是，农户即使有信贷需求也会因没有定期还款能力，选择自我实施配给。

6.1.2 农户的借款渠道

尽管农户的储蓄降低了农户对借款资金的需求，但在面临外来风险或者需要较大开支时，仍然需要借贷以渡难关。资金成本和借贷的便利性是影响农户选择借款渠道的重要因素。样本农户目前有三条借款渠道可供选择：一是通常的正规金融部门（主要是农业银行和农村信用社）；二是村镇银行；三是民间借贷。上述三种途径具有一定的替代性，如果农业银行、农村信用社或者民间借贷能够满足农户的资金需求，对村镇银行的需求就会减少。

为了获取样本农户的融资次序，调查问卷中设计了一个“如果下列活动需要借钱，你会从哪里借钱?”的问题，样本农户可以多选。借款渠道编码依次为：①亲戚朋友借款（无息）；②亲戚朋友借款（有息）；③农业银行；④农村信用社借款；⑤非政府小额信贷组织借款[①]；⑥村镇银行借款；⑦民间高利贷；⑧赊账；⑨其他。样本农户的融资偏好次序见表15。

表15 样本农户的借款渠道选择 单位：户

经济活动	最有可能的借款渠道									
	(1)	(2)	(3)	(4)	(5)	(6)	(7)	(8)	(9)	合计
一般情况	75	2	3	15	47	6				148
农业生产	129	6	2	3	65	11	2	3	7	228
做买卖	86	4	1	6	21	3	4	2	1	128
外出打工	61	3	1	2	54	1				122

① 在三个地区中，只有四川省仪陇县有非政府小额信贷组织——仪陇县乡村发展协会，因此，第（5）项的统计数据都是来源于四川省仪陇县样本农户。

表15(续)

经济活动	最有可能的借款渠道									
	(1)	(2)	(3)	(4)	(5)	(6)	(7)	(8)	(9)	合计
建房	112	7		29	32	5			1	186
小孩上学	147	15	2	22	78	10	1	2	1	278
婚丧	50	6	1	1	77	1	2			138
看病	91	5		2	23	1	1	1		124

资料来源：根据样本农户数据整理所得

附注 1：在实际调查中很多被访农户常常认为自己近期不可能有某项经济活动，也就没有提供该活动的借款渠道选项。因此，合计的总数也就参差不齐，且小于总样本户数

附注 2：由于这个问题是为了解农户借款渠道意愿，并不代表没有选择某个选项的农户就没有通过这种方式融资

由表 14 可知，一般情况下，亲戚朋友（无息）是农户的首选。在仪陇县，农户还较多地选择仪陇县乡村发展协会。此外，在建房、上学两类大型消费支出上，农村信用社也是重要的借款渠道。村镇银行至少增加了三个地区的信贷供给，为当地农户提供了更多的借款渠道，但是否真正缓解了农户贷款难的矛盾还需进一步研究。

可以看出，民间无息借贷是三个地区大部分农户满足资金缺口的主要渠道，它的存在降低了农户的其他信贷需求。农户选择亲戚朋友而没有选择金融机构借款的理由主要有两个：一是，当问及为什么要找亲戚朋友去借钱，大部分被调查者的回答是“不用付利息”和“方便灵活”。二是，大部分农户向亲朋好友借钱，基本上用于一些生活中的大事或突发事件，主要是建房、看病、上学和婚嫁。农户都认为因上学或治病向亲戚朋友借款是合理的，并且大多数情况也能够得到亲朋好友的理解和支持。

6.1.3 农户正规贷款特征

通过分析农户的贷款信息，可以推断农户的正规信贷需求特征。在调研过程中，曾贷户和正贷户都不约而同地认为，正规信贷机构的小额贷款较民间借贷（无息）缺乏灵活性，手续烦琐以及还款安排不合理等，这与本书前面的发现一致。同时，被调查者也提出了一些改进贷款产品的意见，如增加贷款数额，延长贷款周期等。

6.1.3.1 贷款机构

样本农户2007—2008年5月获得正规信贷机构（农业银行、农村信用社和村镇银行）贷款的情况见表16。

表16 2007—2008年5月样本农户获得正规贷款的分布情况

	所有样本		仪陇县		西峰区		固阳县	
	户数	比例	户数	比例	户数	比例	户数	比例
农业银行	5	0.88%	1	0.50%	2	1.12%	2	1.05%
农村信用社	31	5.44%	6	2.99%	15	8.38%	10	5.26%
村镇银行	21	3.68%	5	2.49%	9	5.03%	7	3.68%

资料来源：根据样农户数据整理所得

附注1：仪陇县乡村发展协会属于非正规金融机构，所以没有统计农户向其借贷的情况

附注2：由于仪陇县乡村发展协会很受当地农户的欢迎，许多农户都向协会借款，因而表中仪陇县农户获得贷款的统计数据比其他两个地区要少

附注3：通常情况下，农户在一年左右的时间内，一般只向正规信贷机构申请一次贷款，问卷调查过程中农户有关贷款的回答也证实了这一点，实际上他们更愿意选择民间无息借贷，如表14所示。因此，表中关于获得贷款农户的统计以户数为单位

样本农户从正规信贷机构获得贷款的分布情况基本上与他们的借款渠道选择一致，估计可能是如果农户有从某个信贷机构成功获得贷款的经历，他们在今后的借款中会趋向于继续向这个信贷机构贷款的缘故。

此外，农户的正规信贷交易较少，再次验证农户对正规信贷机构的小额信贷缺乏需求，而民间无息借贷是他们满足资金缺口的主要渠道。

6.1.3.2 贷款金额

样本农户2007—2008年5月获得正规贷款笔数与金额的分布情况见表17。样本农户共获得57笔正规贷款，总贷款金额为379 500元。从贷款金额的分布来看，大部分农户的正规贷款金额为2 001~5 000元和5 001~10 000元。小于1 000元的贷款有2笔。1万元以上的贷款有11笔，其累积贷款金额不到总贷款金额的一半。

表17 2007—2008年5月样本农户正规贷款笔数与金额的分布情况

按贷款金额分组	笔	所占百分比	总额（元）	所占百分比
1 000元以下	2	3.51%	1 100	0.29%
1 001~2 000元	6	10.53%	9 200	2.42%
2 001~5 000元	15	26.32%	52 700	13.89%
5 001~10 000元	23	40.35%	157 500	41.50%
10 001元以上	11	19.30%	159 000	41.90%
合计	57	100.00%	379 500	100.00%

资料来源：根据样农户数据整理所得

6.1.3.3 贷款期限

在57笔贷款中，除1笔贷款的贷款期限信息缺失之外，其余56笔贷款的贷款期限均不超过1年，分布情况如图7所示，贷款期限为3个月的有2笔，5个月的有7笔，半年的有9笔，9个月的有3笔，10个月的有15笔，1年的有21笔，它们分别占总贷款笔数的3.51%、12.28%、15.79%、5.26%、26.32%和36.84%。实际上，农业银行、农村信用社和村镇银行发放的1年期或者以内的贷款（不管是生产性还是非生产性）与目前农户的贷款用途和收入来源不匹配。由于贷款主要被用于非生产用途，所需金额较大，而大部分样本农户家庭的收入主要来自外出务工，除了满足日常生活开支，一年下来，外出务工收入所剩无几，因此还款是不现实的。很多农户希望正规信贷机构可以采取更加灵活的还款方式。

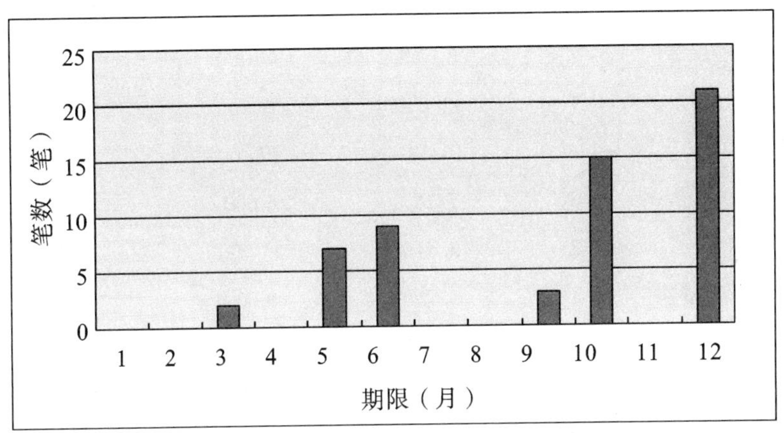

图7　2007—2008年5月样本农户正规贷款期限的分布情况

资料来源：根据样本农户数据整理所得

6.1.3.4　贷款用途

由表18可以看出，无论是从笔数还是贷款总额，非农经营在所有贷款用途中的比重都是最高的。尽管用于种植业和养殖业的贷款笔数较多，笔数比例为28.07%，但其贷款金额只占贷款总额的23.45%。如果将婚嫁、教育支出、看病、房屋和其他消费合计为消费类贷款，那么其笔数比例为40.35%，金额比重为20.16%。可以看出，样本农户正规贷款的主要用途仍是非生产性的，农户对生产性贷款的需求较少，而对消费性贷款的需求较大。

表 18　2007—2008 年 5 月样本农户不同贷款用途的分布情况

贷款用途	笔	所占百分比	金额（元）	所占百分比
种植业	10	17.54%	36 100	9.51%
养殖业	6	10.53%	52 900	13.94%
非农经营	15	26.32%	197 000	51.91%
婚嫁	5	8.77%	15 000	3.95%
教育支出	7	12.28%	27 500	7.25%
看病	6	10.53%	17 000	4.48%
房屋	3	5.26%	6 000	1.58%
其他消费	2	3.51%	11 000	2.90%
偿还其他贷款	1	1.75%	9 000	2.37%
其他	1	1.75%	3 000	0.79%
缺失	1	1.75%	5 000	1.32%
合计	57	100.00%	379 500	100.00%

资料来源：根据样本农户数据整理所得

附注：贷款用途中的“其他”主要是指替别人借款、法院办案费和赔款

6.1.3.5　贷款利率

我国政府规定农业银行和农村信用社小额贷款利率一般不得高于法定利率，但允许利率在一定范围内上下浮动。根据中国人民银行的规定，1 年期以下的贷款利率是 5.58%，按照最高上浮 30%，下浮 10%来计算，农业银行和农村信用社农户贷款有效利率浮动区间为 5.02%～12.83%。关于村镇银行的贷款利率，2007 年 8 月 6 号，银监会颁布了《中国银监会关于银行业金融机构大力发展农村小额贷款业务的指导意见》，指出农村金融机构应“科学确定小额贷款利率。实行贷款利率定价分级授权制度，法人机构应对分支机构贷款权限和利率浮动范围一并授权。分支机构应在法规和政策允许范围内，根据贷款利率授权，综合

考虑借款人信用等级、贷款金额、贷款期限、资金及管理成本、风险水平、资本回报要求以及当地市场利率水平等因素，在浮动区间内进行转授权或自主确定贷款利率”①。2008 年 5 月，中国人民银行和银监会发布通知，从存款准备金管理、存贷款利率管理等八个方面明确了村镇银行、贷款公司、农村资金互助社、小额贷款公司四类农村金融机构的相关政策。其中规定村镇银行的存款准备金率比照当地农村信用社执行。四类机构的贷款利率下限为中国人民银行公布的同期同档次贷款基准利率的 0.9 倍。目前，三家村镇银行普遍实施低贷款利率政策，现行的小额贷款利率一般在 12%以下。在 57 笔贷款中，除了 1 笔贷款的利率信息缺失或不准确之外，剩下的 56 笔贷款中，最高月利率为 11%，最低为 3.7%，大部分正规贷款的利率基本上处于 9%左右。

值得注意的是，很多研究表明，农户对贷款利率是不敏感的，相对于高利率而言，他们更加关心贷款的可得性[108]。然而，在此次调查过程中，很多农户认为贷款机构的现行利率还可以接受，如果再高的话，他们就会寻求别的借款渠道。笔者曾经就农户小额信贷需求利率弹性②进行过研究，发现事实上农户对贷款利率是敏感的，根据笔者当时的调查，农户在回答“对于各种农村贷款服务，您能承受的最高贷款利率是多少”时，除去 6 户农户没有回答以外，17.8%的农户回答“6%以下”，69.2%的农户回答“7%~9%”，仅有 2.7%的农户能承受“10%~12%”，1.3%的农户能承受“13%~16%”。由此可以看出，贷款利率和贷款的可得性对农户来讲都很重要，这也是为什么民间无息借贷能够成为样本地区大部分农户满足资金缺口首选的主要原因。

---

① 引自《中国银监会关于银行业金融机构大力发展农村小额贷款业务的指导意见》第二条（五），银监发〔2007〕67 号。

② 小额信贷需求利率弹性是指基于正规信贷机构小额信贷利率变动的百分比，农户贷款需求量变动的百分比。

在贷款设计上，由于农业银行、农村信用社和村镇银行发放农户贷款的主要目的是解决农户在生产过程中的资金不足问题，因此，这些正规信贷机构在审批时严格将此类贷款限制为生产性用途[①]及1年以内的贷款期限。在信贷需求趋向于多样化的背景下，正规信贷机构这种简单的贷款产品难以满足多层次的需求。

6.2 农户对村镇银行信贷的需求

由上一节可知，农户对正规信贷机构的小额信贷缺乏需求，除了农户的信贷需求不足外，还有还款安排、贷款利率和金额等方面的原因。然而，农户的正规信贷需求不足，不代表农户对正规信贷没有需求，甚至就否认正规信贷机构在农村金融市场中的作用。农户的借贷行为是由信贷需求与信贷供给两方面共同决定的。

为了进一步判断和识别农户对村镇银行信贷的需求，问卷调查中设计了四个问题。问题一：从2007年以来，您是否向村镇银行申请过贷款？（1. 是；2. 否）；问题二：如果没有申请过贷款，为什么？（选择回答为：1. 我不需要贷款；2. 申请也得不到；3. 借了担心还不了；4. 从其他借款渠道可以获得贷款；5. 其他，请注明）；问题三：如上题选2申请也得不到，为什么？（1. 有其他贷款未还；2. 与信贷员不熟；3. 信贷员认为我家穷，可能还不了款；4. 其他，请注明）；问题四：从2007年以来，您是否得到过村镇银行的贷款？（1. 是；2. 否）。

本研究主要从四个层面来考虑农户对村镇银行信贷的需求：第一，农户是否有借款意愿，如果农户不需要贷款，则认为农户没有信贷需

---

① 尽管如此，不少农户还是将生产性贷款用在消费方面，这与农户消费信贷需求旺盛，而信贷机构缺乏此类贷款有关。

求；第二，农户是否愿意接受村镇银行提出的贷款合约条件，如利率、抵押及其他成本等；第三，农户是否有还款能力，如借了担心还不了等；第四，是否存在其他借款渠道，如果农户能够从其他借款渠道得到贷款，则认为其对村镇银行信贷没有需求。问题二和问题三的设计目的是重点考察农户对村镇银行信贷有需求但受到了信贷配给的情形。

对于没有申请过贷款的农户，是否就表明他们对村镇银行没有信贷需求？通过问卷调查，发现并非如此。那些借了担心还不了或者担心失去抵押品而未申请贷款的农户（在“其他，请注明”选项填写的原因）实际上均有信贷需求，只是由于各种原因导致其没有申请贷款。因此，对村镇银行有借贷需求的农户包括：（a）自2007年以来向村镇银行申请过贷款的农户（包括申请且得到贷款的和申请贷款被拒绝的）；（b）在回答问题二时选“申请也得不到”，而且原因是“与信贷员不熟”或者“信贷员认为我家穷，可能还不了款”的农户；（c）在回答问题二时选“借了担心还不了”或者“其他，请注明”写的原因是担心失去抵押品而未申请贷款的农户。在对四个问题作其他回答的农户都被认为对村镇银行信贷没有需求。

在界定哪些农户对村镇银行有信贷需求之后，本书进一步将这些农户分为以下三类：第一类是具有有效信贷需求的农户，包括2007年申请且得到贷款的和申请贷款被拒绝的农户（这里，只要申请了贷款就具有有效信贷需求）；第二类是具有潜在信贷需求的农户，包括与信贷员不熟和信贷员认为我家穷，可能还不了款的农户；第三类是具有隐藏信贷需求的农户，包括借了担心还不了和担心失去抵押品而未申请贷款的农户。需要说明的是，对第二类中与信贷员不熟的农户而言，还是一个交易成本的问题，不熟可以看作是没有支付额外的关系费用。第三类中，借了担心还不了和担心失去抵押品的农户顾虑的是风险问题。因此，本书所调查的农户信贷需求分为三种，即有效信贷需求、潜在信贷需求和隐藏信贷需求。

表19、表20和表21详细描述了通过调查获取的样本农户村镇银行贷款申请与否及未申请原因的具体情况。归纳以上三个表格的信息，表22得出了分别具有有效信贷需求、潜在信贷需求和隐藏信贷需求的三类样本农户的户数及其比例。

表19　2007—2008年5月样本农户是否申请村镇银行贷款的情况

	所有样本		仪陇县		西峰区		固阳县	
	户数	比例	户数	比例	户数	比例	户数	比例
是	52	9.12%	12	5.97%	17	9.50%	23	12.11%
否	518	90.88%	189	94.03%	162	90.50%	167	87.89%

资料来源：根据样本农户数据整理所得

表20　样本农户未申请村镇银行贷款的原因分布情况

未申请贷款的原因	所有样本		仪陇县		西峰区		固阳县	
	户数	比例	户数	比例	户数	比例	户数	比例
1. 我不需要贷款	171	30.00%	57	28.36%	51	28.49%	63	33.16%
2. 申请也得不到	77	13.51%	39	19.40%	17	9.50%	21	11.05%
3. 借了担心还不了	86	15.09%	25	12.44%	32	17.88%	29	15.26%
4. 从其他借款渠道可以获得贷款	170	29.82%	61	30.35%	57	31.84%	52	27.37%
5. 其他，请注明	14	2.46%	7	3.48%	5	2.79%	2	1.05%

资料来源：根据样本农户数据整理所得

附注：未申请贷款的原因的“其他，请注明”选项中只有仪陇县的1户农户填写担心失去抵押品而未申请贷款，其余的回答包括诸如对该问题不理解无从回答，以及所做出的回答与主题无关等

表 21 样本农户认为申请也得不到贷款的原因分布情况

认为申请也得不到的原因	所有样本		仪陇县		西峰区		固阳县	
	户数	比例	户数	比例	户数	比例	户数	比例
1. 有其他贷款未还	31	5. 44%	15	7. 46%	7	3. 91%	9	4. 74%
2. 与信贷员不熟	24	4. 21%	12	5. 97%	5	2. 79%	7	3. 68%
3. 信贷员认为我家穷，可能还不了款	15	2. 63%	10	4. 98%	3	1. 68%	2	1. 05%
4. 其他，请注明	7	1. 23%	2	1. 00%	2	1. 12%	3	1. 58%

资料来源：根据样本农户数据整理所得

表 22 样本农户有效信贷需求、潜在信贷需求和隐藏信贷需求的分布情况

	所有样本		仪陇县		西峰区		固阳县	
	户数	比例	户数	比例	户数	比例	户数	比例
有效信贷需求	52	9. 12%	12	5. 97%	17	9. 50%	23	12. 11%
潜在信贷需求	39	6. 84%	22	10. 95%	8	4. 47%	9	4. 74%
隐藏信贷需求	87	15. 26%	26	12. 94%	32	17. 88%	29	15. 26%

资料来源：根据样本农户数据整理所得

从表 23 可以看出，在有信贷需求的农户中，除了有效信贷需求以外，还存在着很多的潜在信贷需求和隐藏信贷需求。可以看出，三个地区确实存在未被满足的信贷需求，表现为农户较少向村镇银行借贷（570 户样本农户中只有 52 户样本农户向村镇银行申请过贷款，其中 21 户样本农户获得贷款）。假定村镇银行贷款的边际回报能够覆盖利率，可以认为他们是有需求的，只不过因为抵押品或交易费用问题而表现为潜在信贷需求和隐藏信贷需求。为了把潜在和隐藏需求转变为有效需求，需要改善贷款产品，创造有利的投资机会、稳定的金融环境和新的贷款方法。在总体样本中，大约 19. 5%的样本农户在改变村镇银行贷款产品条件的情况下会选择申请贷款。

6.3 村镇银行的信贷供给

6.3.1 村镇银行农户小额信用贷款及其操作程序

农户最终能否获得小额贷款，不仅取决于自身的信贷需求，还取决于村镇银行的信贷供给。村镇银行一般根据贷款额度要求农户提供信用和担保。此次调查的三家村镇银行对于小额农户贷款，农户只凭信用无需担保就可以获得，而专业农户贷款则需要信用和担保。农户获得村镇银行小额信用贷款的过程如图 8 所示。

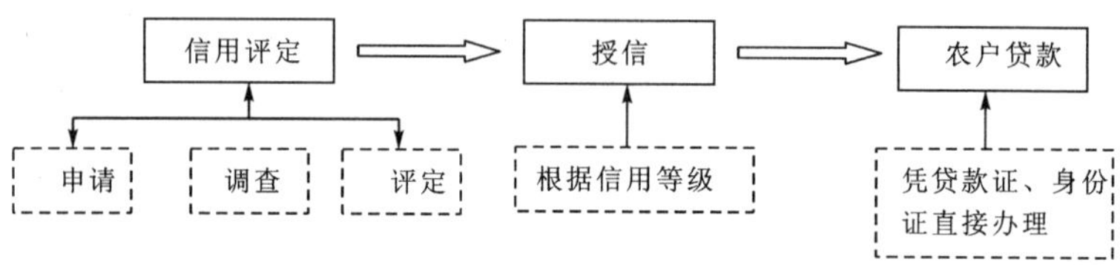

图 8　村镇银行农户小额信用贷款操作程序图示

资料来源：根据调查的三家村镇银行提供的资料整理所得

6.3.2 村镇银行信贷供给机制

由于农户的信用鉴定一直是农村金融机构面临的问题，所以很多情况下信贷员并不一定严格按照农户的信用和担保发放贷款。目前村镇银行发挥作用的往往是另一种“直接机制”，即甄别客户、发放贷款和监督还款均由信贷员完成，他们通常根据自己所掌握的借款申请人的有关信息来决定是否放贷。

为确保贷款的偿还，信贷员需要非常谨慎地识别出潜在的风险客户。一般认为，贫困家庭最有可能将贷款以及来自信贷投资活动的收入用于消费；或者因为过于贫穷，他们无法通过项目活动产生足够短期的收入分期偿还贷款。因此，贫困农户即使有申请小额贷款的意愿，通常也会遭到信贷员的拒绝。相反，那些有稳定的、多样化收入的富裕农户受到信贷员的偏爱。

同时，由于村镇银行是商业化小额信贷机构，扶贫与机构可持续性发展同样重要，这在一定程度上助长了村镇银行的瞄准目标向富裕农户移动。强调机构持续性落实到具体工作中就是将还款率与信贷员工资联系起来。还款率和放款是考核信贷员绩效的重要指标。效益工资将信贷员的收入和贷款回收牢牢地捆绑在一起。高还款率激励信贷员努力甄别出核心穷人，并尽量将他们排除在贷款的门槛之外。在追求机构持续性、强调放款增长和低欠账率的压力下，信贷员在实际操作过程中倾向于将没有定期还款能力的贫困户直接排除在外，而在放款对象上会自觉不自觉地向富裕户倾斜。

需要引起重视的是目前对商业化小额信贷机构的评价标准，机构业绩，即操作和财务可持续性成为评价商业化小额信贷机构最主要的标准。其实，可持续性只是一种手段，评价小额信贷机构最终的指标应该是能否可持续地为贫困人口提供金融服务，从而有效改善他们的福利水平。从供给角度来看，扶贫与机构持续性的两难可以说是造成目标偏离贫困户的主要原因，但同时还应看到村镇银行实际运行中所片面追求的“机构可持续性”往往加剧了目标偏离的程度。

7 农户参与村镇银行信贷行为考察

在前文中，本研究基于对三个地区农户的问卷调查，探讨了样本农户的基本信息，通过考察农户的正规信贷需求，判断和识别农户对村镇银行信贷的需求，同时阐述了村镇银行的信贷供给机制。本章将在上述分析的基础上，利用三个地区的农户调查资料，通过构建需求和供给联立方程来实证研究样本农户参与村镇银行信贷的行为，分析影响样本农户小额信贷需求和村镇银行信贷供给的因素，以此考察村镇银行小额信贷效率的运行情况，同时提出改进建议。

7.1 计量分析

农户信贷市场参与行为决定了村镇银行小额信贷效率的高低，而前者又是由农户小额信贷需求和村镇银行信贷供给两方面共同决定的，本书试图利用需求和供给联立方程组来考察样本农户参与村镇银行信贷的行为，以此分析村镇银行小额信贷效率的运行情况。

7.1.1 模型

在现实经济中，经济主体会面临许多二元选择的情形（即是与否的选择）。就本书所讨论的信贷市场而言，农户和村镇银行各自面临一个二元决策问题，即农户需要决定是否向村镇银行申请借款，而村镇银行需要做出是否对该农户发放贷款的决策（如图9所示）。

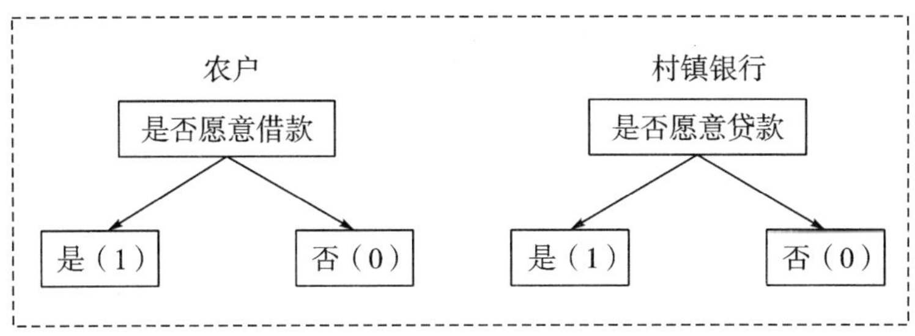

图9 农户和村镇银行的二元决策图

农户和村镇银行之间的决策的相互作用可能会产生四种结果，即（有需求，有供给），（有需求，没有供给），（没有需求，有供给）和（没有需求，没有供给），如果分别用虚拟变量 y_D 和 y_S 来表示以上两种决策行为，且设定 $y_D=1$ 表示农户有信贷需求，而 $y_D=0$ 表示农户无信贷需求；$y_S=1$ 表示村镇银行愿意贷款，而 $y_S=0$ 表示村镇银行不愿意贷款，那么，以上四种可能结果简化为（1，1），（1，0），（0，1）和（0，0）。通常，只能观察到（1，1）这种结果，即农户在村镇银行的信贷参与行为，它可用 P 表示，其中 $P=1$ 表示参与，$P=0$ 表示没有参与，可称其为信贷市场参与虚拟变量，其余三种情形在现实中是无法直接观察到的。

用 y_D^* 和 y_S^* 分别表示信贷需求和信贷供给的隐藏变量，表示如下：

$$y_D^* = X_D\beta_D + \varepsilon_D$$
$$y_S^* = X_S\beta_S + \varepsilon_S \tag{7.1}$$

（7.1）式中，X_D 和 X_S 分别为影响信贷需求和信贷供给的外生变量，β_D 和 β_S 是待估计参数；假设误差项 ε_D 和 ε_S 服从联合正态分布，记为 ε_D，$\varepsilon_S \sim BVN(0,\ 0,\ 1,\ 1,\rho)$，其中 ρ 是 ε_D 和 ε_S 的相关系数。

y_D^* 和 y_S^* 是不可观察的，它们与虚拟变量 y_D 和 y_S 的关系由以下规则确立：

$$y_D = \begin{cases} 1 & \text{如果} \quad y_D^* > 0 \\ 0 & \text{如果} \quad y_D^* \leqslant 0 \end{cases} \tag{7.2}$$

$$y_S = \begin{cases} 1 & \text{如果} \quad y_S^* > 0 \\ 0 & \text{如果} \quad y_S^* \leqslant 0 \end{cases} \tag{7.3}$$

随后对计量模型的讨论主要围绕 y_D 和 y_S 在多大程度上可观察展开，模型之间的差异体现在对变量可观察程度的假定上。同时，还将 y_D 和 y_S 的可观察程度与经验研究中的基本假定联系起来。

（1）单变量 Probit 模型

若 y_D 和 y_S 同时完全可观察，研究者可以观察到需求和供给的具体值以及信贷市场的均衡点，即 $y_D = y_S$ 。然而，实际调查数据提供的信息通常并不充分，研究者既观察不到 y_D 也观察不到 y_S ，而只能观察到 P ，即信贷市场参与虚拟变量，它是 y_D 和 y_S 相互作用的一个结果。

$P = 1$　如果农户参与正规信贷市场　（ $y_D = 1$ 且 $y_S = 1$ ）

$P = 0$　如果农户未参与正规信贷市场（ $y_D = 0$ 或 $y_S = 0$）（7.4）

Iqbal（1986）假定所有农户对正规信贷都存在需求，认为农户参与正规信贷市场的结果只受到正规信贷机构放贷决策的影响[109]。此时，非借贷者被视作受到信贷配给，对需求和供给的分析也就变为只对信贷供给的分析，分析结果可以说明家庭、个体特征在多大程度上影响其正规信贷的可得性。因此，农户信贷市场参与概率可直接采用如下的 Probit 模型进行估计。

$$\Pr(access) = \Pr(P = 1 \mid X_S) = \Pr(y_S = 1 \mid X_S) \tag{7.5}$$

（2）双变量 Probit 模型：局部可观察

近年来，越来越多的研究人员开始放松所有农户均具有正规信贷需求的这一“理想”假定，试图采用局部可观察双变量 Probit 模型来分离需求和供给的效应。

如上所述，一般情况下，研究者只能观察到是否参与（$P=1$），即（1，1）的情形，而无法观察到 y_D 和 y_S 的其余三种组合［(0，1)，(1，0) 和（0，0)］。在这种情形下，Poirier（1980）认为，P 的概率分布可由包括需求者和供给者的双变量联立方程表示，它与 y_D 和 y_S 的可观察水平有关。

$$\Pr(P=1)=\Pr(y_D=1,\ y_S=1) \tag{7.6}$$

$$\begin{aligned}\Pr(P=1)&=\Pr(y_D^*>0,\ y_S^*>0)\\&=\Pr(X_D\beta_D+\varepsilon_D>0,\ X_S\beta_S+\varepsilon_S>0)\\&=\Pr(-X_D\beta_D<\varepsilon_D,\ -X_S\beta_S<\varepsilon_S)\\&=1-F(-X_D\beta_D,\ -X_S\beta_S)\\&=F(X_D\beta_D,\ X_S\beta_S,\ \rho)\end{aligned} \tag{7.7}$$

采用最大似然法进行估计，其对数似然函数为：

$$\begin{aligned}\ln L(\beta_D,\ \beta_S,\ \rho)=\sum_{i=1}^{n}&P\cdot\ln[F(X_D\beta_D,\ X_S\beta_S,\ \rho)]\\&+(1-P)\cdot\ln[1-F(X_D\beta_D,\ X_S\beta_S,\ \rho)]\end{aligned} \tag{7.8}$$

上式中，$F(\cdot)$ 是二元累积正态分布函数。

（3）双变量 Probit 模型：需求可识别

与局部可观察双变量 Probit 模型不同，需求可识别双变量 Probit 模型中的 y_D 可以通过调查实现可观察。

通常，仅只有在 $y_D=1$ 时才能观察到 y_S。这是因为，如果 $y_D=1$，则 $y_S=P$，而 P 是可以观察的；但是，如果 $y_D=0$，则没有关于 y_S 的信息。

除了需求可观察外，需求可识别双变量 Probit 模型在形式上与局部可观察双变量 Probit 模型一致，可表示为：

$$\Pr(y_D=1)=\Pr(y_D^*>0)=\Pr(\varepsilon_D>-X_D\beta_D) \tag{7.9}$$

$$\Pr(y_S = 1 \mid y_D = 1) = \Pr(y_S^* > 0) = \Pr(\varepsilon_S > -X_S\beta_S) \qquad (7.10)$$

因为需求方程完全可观察，可以单独估计，而对供给方程的估计存在样本选择偏差问题，需要审查数据。我们采用极大似然法对方程（7.9）和（7.10）进行联合估计，其对数似然函数表示如下：

$$\begin{aligned}\ln L(\beta_D, \beta_S, \rho) = \sum_{i=1}^{n} \{ & y_D y_S \ln F(X_D\beta_D, X_S\beta_S, \rho) \\ & + y_D(1 - y_S)\ln[\Phi(X_D\beta_D) - F(X_D\beta_D, X_S\beta_S, \rho)] \\ & + (1 - y_D)\ln\Phi(-X_D\beta_D)\} \end{aligned} \qquad (7.11)$$

需要指出的是，$\Phi(\cdot)$ 是单变量累积正态分布函数。

总之，与单方程模型相比，联立方程模型具有以下优势：首先，前者在解分离需求和供给效应问题上的适用性较低，而后者较好地解决了这一问题；其次，联立方程模型可以估计包括借款者和非借款者在内所有样本的信息，从而避免了有偏估计。

7.1.2 变量

在这一部分，依次讨论本章使用的因变量、自变量和识别变量。其中，在因变量的讨论中，统计农户对村镇银行有信贷需求的户数，以保证需求可识别双变量 Probit 模型的应用。在自变量的讨论中，从需求和供给两个方面讨论各个自变量的预期作用方向。最后，讨论联立方程中识别变量的设置问题。

（1）因变量

根据前一章对农户信贷需求的识别，在 570 户样本农户中，对村镇银行信贷存在需求的农户共有 178 户。在此基础上确定需求方程的因变量，农户有信贷需求取值 1，反之取值 0。供给方程因变量的设置，以村镇银行是否贷款作为因变量，得到贷款取值 1，反之取值 0。

（2）自变量

我们从需求和供给两个方面讨论自变量对因变量（均衡结果）的

预期影响。与大多数文献主要从生产投资的角度讨论农户正规借贷行为的不同，这里也考虑到了农户的消费决策行为。

首先考虑信贷需求方面的因素，通过调查可以获得表示农户家庭目前资源禀赋水平的收入和财产变量、表示未来预期收入的教育和技能变量以及其他人口特征变量，如家庭规模、人口负担率、年家庭消费支出和2007年是否发生重大事件等。其中，2007年是否发生重大事件中的重大事件是指婚丧、生病、上学等需要支付较大金额的大事。除了与农户预期收益率或预期边际效用相关的变量之外，农户是否需要贷款还与农户对村镇银行贷款产品和贷款程序的认识有关，本研究利用“是否了解村镇银行贷款的条件和申请程序”这个哑变量表示其影响。

为了更进一步揭示农户家庭经济活动的变化对农户生产需求的影响，本章特别引入工资性收入、固定资产和非农经营收入三个变量。根据样本农户的家庭收入来源结构显示，工资性收入（主要是外出务工收入）已逐渐成为农户家庭纯收入的重要来源，从而对贷款需求起到一定的替代作用。但是，保持其他情况不变，固定资产和非农经营收入的上升，对贷款需求的影响是不确定的：一方面，固定资产和非农经营收入越高的农户，投资规模越大，从而对贷款的需求越大；另一方面，固定资产和非农经营收入越高的农户也可能拥有更多的流动性资金，从而使其贷款需求减弱。

从信贷供给方面来看，收入和资产都是贷款者判断农户还款能力的良好指标，显然，收入和财产水平越高，农户获得贷款的可能性越大。除了村镇银行通常考察的收入、资产、年龄、受教育程度等因素之外，本研究还考虑了未偿还总贷款。从影响方向来看，一般认为年龄和受教育程度对信贷供给的影响为正，随着年龄和受教育程度的提高，农户受到信贷约束的可能性下降。值得注意的是，受实地调查的启发，笔者认为村镇银行可能更加看重借款农户的技能，在模型中，用“户主是否有技能”这一哑变量来反映其影响（具体见表 23）。

表 23　　第 7 章所使用的主要解释变量的名称与描述

变量名称	描述
AGE	户主年龄 age1 < 30，age2（31，40），age3（41，50），age4（51，60），age5>60
EDU	户主受教育年限
SKILL	户主是否有技能
FS	家庭规模
DR	家庭人口负担率
ASSETS	截至 2007 年年底农户家庭所拥有的生产性固定资产价值（以千元为单位），将样本平均分为三组：assetsl、assets2 和 assets3
LAND	人均土地经营面积（以亩为单位）
Per-COM	2007 年家庭人均日常消费支出（以千元为单位）
WR	人均工资收入
NFR	非农经营收入占总收入的比例
SHOCK	2007 年是否发生重大事件
otherdebt	截至 2007 年年底是否拥有其他贷款
t-debt	截至 2007 年年底家庭未还贷款总额（以千元计）
Know2	是否了解村镇银行贷款的条件和申请程序
Distance	与村镇银行所在地的距离（以里计）
Health	家中是否有长期患病者
Region	三个地区：仪陇县、西峰区和固阳县（以西峰区为参照组）

（3）识别变量

最后，有必要交代一下联立方程模型的识别问题。如果系统中每个方程都具有其他条件不变的解释时，使用联立方程模型就是适当的（威廉·H.格林，2007）[110]。联立方程的一个重要特征是，在对系统进行充分说明后，哪个变量被假定为外生的和每个方程中出现哪些变量都是很清楚的（J.M.伍德里奇，2003）[111]。

总体上看，局部可观察双变量 Probit 模型的识别标准相对较弱（Poirier，1980）[112]。根据 Rothenberg（1971）提出的一般原则，局部可观察双变量 Probit 模型是可以识别的[113]。J.M.伍德里奇（2003）指出，识别（两个）联立方程模型中第一个方程的充要条件是，第二个方程中至少包含第一个方程所排除的外生变量中的一个[111]。换言之，理想的识别信贷需求和信贷供给的情况是某变量只包括在信贷需求方程或信贷供给方程的解释变量中，但不同时包括在另一个方程的解释变量中。然而，这个条件往往很难具备。

笔者采用 Health 变量（家中是否有长期患病者）来识别农户因治病产生贷款需求。相对而言，健康状况对村镇银行是不可观察的，因而在贷款供给决策中不是很重要。

在研究文献中，已有许多变量被认为对信贷需求没有影响但对信贷供给有影响，如 Khandker（2005）、Pitt 和 Khandker（1998）采用家庭土地拥有规模（正规机构常常以此作为贷款的资格标准），Kochar（1997）采用所考察地区的天气情况（理由是低降雨量水平导致低水平的农业生产活动，因而对投资贷款的需求较低）。但就本书所研究的农户向村镇银行借贷的行为而言，实际上村镇银行并没有以土地规模作为配给标准，同时，地区天气信息既难以收集，对村镇银行来说也不重要。本章采用农户居住村庄至村镇银行所在地的距离来识别供给方程。这个变量对影响信贷需求的家庭特征而言明显是外生的。可以认为，离村镇银行所在地越远，村镇银行越不愿意贷给农户。换言之，“距离”和信贷供给呈负相关关系。

7.1.3 估计结果

首先，采用 Probit 和 Tobit 单方程模型估计农户参与信贷市场，估计结果见表 24。

表 24　　Probit 模型与 Tobit 模型估计结果的比较

变量	Probit 模型			Tobit 模型		
	估计参数	标准差	P 值	估计参数	标准差	P 值
*age*2	−0. 231	0. 329	0. 483	−0. 650	3. 762	0. 863
*age*3	−0. 070	0. 321	0. 828	0. 424	3. 734	0. 910
*age*4	−0. 547	0. 388	0. 159	−5. 230	4. 740	0. 270
*age*5	−0. 248	0. 367	0. 499	−2. 018	4. 556	0. 658
education	−0. 021	0. 032	0. 512	−0. 291	0. 408	0. 476
skills	−0. 164	0. 178	0. 359	−1. 661	2. 172	0. 445
familysize	−0. 045	0. 073	0. 537	−0. 875	0. 953	0. 359
*assets*1	0. 064	0. 187	0. 730	0. 234	2. 556	0. 927
*assets*2	−0. 339	0. 208	0. 104	−3. 806	2. 729	0. 163
*shock*2	0. 224	0. 166	0. 178	2. 093	2. 213	0. 345
*know*2	0. 302	0. 162	0. 063	3. 853	2. 184	0. 078
yilong	−0. 056	0. 252	0. 826	−1. 351	3. 259	0. 679
guyang	−0. 990	0. 346	0. 004	−6. 773	4. 772	0. 156
wage	−0. 056	0. 019	0. 003	−0. 648	0. 310	0. 037
nonfarmince	0. 004	0. 007	0. 585	0. 286	0. 081	0. 000
*land*2	0. 074	0. 035	0. 036	0. 834	0. 455	0. 067
*distance*2	−0. 131	0. 088	0. 136	−2. 155	1. 295	0. 096
otherdebt	−0. 119	0. 155	0. 442	−1. 120	2. 068	0. 588
t-debt	−0. 010	0. 012	0. 398	−0. 053	0. 124	0. 671
health	0. 294	0. 214	0. 169	6. 671	2. 898	0. 022
_cons	−0. 889	0. 606	0. 142	−13. 895	7. 271	0. 056

在 Probit 模型中，是否了解村镇银行贷款的条件和申请程序（*know*2）、固阳县哑变量（*guyang*）、工资性收入（*wage*）和人均土地

规模（*land*2）通过了显著性检验。其中，是否了解村镇银行贷款的条件和申请程序以及人均土地规模对农户是否向村镇银行借贷具有正向的影响；而固阳县哑变量和工资性收入负向影响农户是否向村镇银行借贷。

在 Tobit 模型中，是否了解村镇银行贷款的条件和申请程序（*know*2）、工资性收入（*wage*）、非农经营收入占总收入的比例（*nonfarmince*）、人均土地规模（*land*2）、家庭中是否有长期患病者（*health*）和与村镇银行所在地的距离（*distance*2）通过了显著性检验。其中，是否了解村镇银行贷款的条件和申请程序、非农经营收入占收入的比例和人均土地规模对农户是否向村镇银行借贷具有正向的影响；而与村镇银行所在地的距离和工资性收入负向影响农户是否向村镇银行借贷。

但是，正如前面所述，在这些通过显著性检验的变量中，无法判断哪些变量影响需求，哪些变量影响供给。需要说明的是，如果依据人均土地变量和非农就业收入显著地正向影响农户是否向村镇银行借贷，极容易得出从事大规模农业生产和非农经营项目的农户对正规贷款的需求更大的结论。同样，对于与村镇银行所在地的距离变量而言，究竟是农户认为离村镇银行远而对贷款的需求小？还是村镇银行认为距离远，不容易监督农户贷款使用而不愿意贷款？这些疑问在单方程估计模型中是无法得到解决的。

接下来，采用需求可识别双变量 Probit 模型估计样本农户的正规信贷需求和供给，估计结果见表 25。

表 25　　　需求可识别双变量 Probit 模型的估计结果

变量	供给方程			需求方程		
	估计参数	标准差	P 值	估计参数	标准差	P 值
*age*2	−0. 155	0. 296	0. 601	−0. 117	0. 213	0. 582
*age*3	0. 031	0. 275	0. 911	−0. 056	0. 210	0. 791

表25(续)

变量	供给方程			需求方程		
	估计参数	标准差	P 值	估计参数	标准差	P 值
*age*4	−0. 326	0. 330	0. 324	0. 019	0. 231	0. 933
*age*5	−0. 141	0. 338	0. 677	−0. 176	0. 246	0. 475
education	−0. 027	0. 032	0. 398	−0. 009	0. 019	0. 653
skills	−0. 132	0. 156	0. 398	−1. 112	0. 103	0. 277
familysize	−0. 029	0. 065	0. 659	0. 000	0. 047	0. 999
*assets*1	0. 110	0. 166	0. 508	−0. 034	0. 124	0. 783
*assets*2	−0. 395	0. 186	0. 034	−0. 257	0. 122	0. 036
perconsumpt	−0. 003	0. 023	0. 904	0. 010	0. 017	0. 551
*shock*2	0. 271	0. 158	0. 086	0. 224	0. 107	0. 036
*know*2	0. 108	0. 168	0. 521	−0. 031	0. 110	0. 781
yilong	−0. 403	0. 230	0. 080	−0. 107	0. 178	0. 548
guyang	−1. 586	0. 362	0. 000	0. 003	0. 174	0. 988
wage	−0. 038	0. 016	0. 014	−0. 027	0. 012	0. 023
nonfarmince	0. 010	0. 006	0. 097	0. 008	0. 006	0. 188
*land*2	0. 034	0. 031	0. 273	0. 020	0. 025	0. 419
*distance*2	−0. 021	0. 084	0. 799			
health				−0. 163	0. 144	0. 257
otherdebt				−0. 122	0. 093	0. 191
t-debt				−0. 004	0. 007	0. 564
_cons	−0. 517	0. 419	0. 217	−0. 116	0. 358	0. 745
/athrho	16. 746	2. 481	0. 000			

首先分析信贷需求的影响因素。2007 年是否发生重大事件（*shock*2）在 5%的显著性水平上正向影响农户的贷款需求，说明农户的贷款需求与婚丧、盖房建房、治病和上学等消费支出呈正相关关系。婚

丧、上学和治病等支出对于大部分农户而言不仅数额大，而且多是刚性的，依靠自身资金积累甚至是亲朋好友的帮助难以解决，因此常常需要借贷。固定资产（*assets*2）和工资性收入（*wage*）对农户贷款需求的影响为负。相对于高固定资产组农户而言，中固定资产组农户对村镇银行贷款的需求较小。而工资性收入显著地负向影响农户的贷款需求，证实了工资性收入对贷款的替代作用。而在朱喜和李子奈（2006）的研究中，工资性收入对贷款需求的影响不显著[114]。

接下来分析信贷供给的影响因素。作为贷款供给方程的一个额外回归元，逆米尔斯比率（rho）的估计系数是显著的，表明需求方程对供给方程有影响，同时，也表明修正样本选择偏差是必要的，否则很可能导致对供给方程的有偏估计。逆米尔斯比率显著的经验解释是，即使村镇银行的贷款决策在很大程度上仍取决于政府制定的政策性目标，但从追求利润最大化和控制贷款风险的角度来看，村镇银行的实际贷款决策还是建立在农户对贷款的需求上。

在供给方程中，2007 年是否发生重大事件和非农经营收入占总收入的比例对村镇银行贷款可得性的影响是正向的，且在 10%水平上显著。固定资产（*assets*2）、仪陇县（*yilong*）和固阳县（*guyang*）哑变量以及工资性收入对农户获得村镇银行贷款的影响显著为负。非农经营收入和工资性收入在家庭总收入中的比重差异反映了两种截然不同的农户家庭经济结构，一种以经营为主，一种以就业为主。从估计结果可以看出，村镇银行在放款决策中更加看重非农经营收入，而不是工资性收入。相对于高固定资产组农户而言，中固定财产组农户获得村镇银行贷款的概率较小。与西峰区相比，仪陇县和固阳县的农户更难获得贷款，主要是因为西峰区的经济条件要优于其他两个县。不好解释的是 2007 年是否发生重大事件，因为村镇银行一般不发放非生产性贷款，对此还需要做进一步的研究。

有必要比较一下 Probit 模型、Tobit 模型和需求可识别双变量 Probit 模型的估计结果（见表 26）。

表 26 单方程模型与需求可识别双变量 Probit 模型估计结果的比较

变量	Probit	Tobit	需求可识别双变量 Probit	
			供给方程	需求方程
*assets*2			–	–
*shock*2			+	+
*know*2	+	+		
yilong			–	
guyang	–		–	
wage	–	–	–	–
nonfarmince		+	+	
*land*2	+	+		
health		+		
*distance*2		–		

附注：“+”和“–”符号分别表示该变量至少在 10%水平上显著

综合之后可以初步得出以下结论：第一，三个模型的估计结果均表明，富裕样本农户获得村镇银行的贷款较多，村镇银行贷款向固定资产和非农经营收入高的农户倾斜。第二，工资性收入负向影响农户对村镇银行贷款的需求，这和目前样本地区经济结构的转变相吻合。很多农户有家庭成员外出务工，家庭收入来源主要依靠务工收入，务工收入越高，越不可能借债。Pal（2002）在对印度的研究中也发现了劳动收入和正规信贷需求之间存在一定替代关系，即劳动收入高，对正规信贷的需求就低[115]。需要指出的，务工收入不但减少了农户自家的融资需求，而且还通过社会网络以民间借贷的方式流入其他家庭，从而减少了农户对正规贷款的需求。

同时，需求可识别双变量 Probit 模型与单方程 Probit、Tobit 模型的结果也存在显著差异。如前所述，单方程模型假定所有农户是同质的，对贷款都存在需求。实际上，在没有得到村镇银行贷款的农户中，一部分确实是有贷款需求的（具有潜在信贷需求和隐藏信贷需求的农户），而另外有农户对村镇银行贷款是没有需求的，应在模型中加以区别对待。单方程和需求可识别双变量 Probit 模型估计结果的比较也表明，如果只考察单方程模型，很可能会错误解读估计结果，例如，非农经营收入占总收入的比例。如果根据单方程（Tobit）的估计结果，就会得到从事非农经营项目的农户对村镇银行贷款需求高这样一个错误的结论。而需求可识别双变量 Probit 模型的估计结果表明，非农经营收入占总收入的比例只对是否能获得村镇银行贷款的影响为正，即非农经营收入越高，越有可能获得村镇银行贷款。在需求可识别双变量 Probit 模型的需求方程中，非农经营收入占总收入的比例对村镇银行贷款需求的影响并不显著。因此，非农生产经营收入越高并不能说明样本农户对村镇银行信贷的需求更大，只能说明这类农户受到信贷约束的概率可能越小。支持这一判断的还有固定资产变量，相对于固定资产多的农户而言，拥有较小规模固定资产的农户对村镇银行信贷的需求较小。综合起来，就是否能获得村镇银行贷款而言，没有固定资产或较小规模固定资产，以及非农经营收入水平低的农户获得村镇银行贷款的概率较小，而这些农户恰恰就是三个地区的中低收入群体。

再回头重点讨论一下非农经营收入。传统观点认为正规信贷与生产经营有关，其贷款政策也主要指向农业生产经营，如某些发展中国家就将正规信贷与农业生产投资品、农业固定资产和土地经营规模紧密联系起来。后来又认为正规信贷与非农经营密切相关。李锐（2007）认为，农户借款非农化的原因是大部分农户的土地规模较小，且农业投资的效率相对较低[116]。但是，如上所述，用于非农经营项目的正规贷款多，或从事非农经营农户获得贷款多并不能说明农户对非农生产经营贷款的需求也越高。

关于地区哑变量的估计结果表明，某个地区村镇银行贷款少，不一定就是村镇银行信贷供给方面的问题，也可能是农户信贷需求方面的问题。与西峰区相比，仪陇县和固阳县的农户获得村镇银行贷款的可能性较低，而只有固阳县的农户对村镇银行贷款有更高的需求。换言之，如果要推断仪陇县和固阳县样本农户获得村镇银行贷款少的原因，仪陇县的情况很可能是当地农户对村镇银行贷款的需求较低。以上分析也只可能在联立方程中进行验证，因为单方程中哑变量的估计系数一致且均为负。

此外，理论上所认可的资产价值没有能够成为有效的抵押品，这些因素都不能显著影响村镇银行的贷款决策。显然，目前农户缺乏有效的抵押品作为信号让村镇银行更好地甄别其类型，这加剧了农户受到信贷配给的程度。目前村镇银行看重的是非农经营收入，主要还是从有利于甄别和监督还款的角度考虑的。高固定资产组农户更有可能获得村镇银行贷款的估计结果说明，在现有的贷款产品和政策下，很多农户仍然无法拿出“较硬”的信息以便村镇银行进行甄别。另一方面，村镇银行也不愿意接受理论上所界定的抵押品，原因是法律机制不完善和交易成本太高。

农户的借贷行为是信贷供给和信贷需求两方面相互作用的结果。需求可识别双变量 Probit 模型优于单方程之处在于其在分析农户正规信贷市场参与的过程中能有效分离信贷需求和信贷供给两方面效应。与单方程相比，需求可识别双变量 Probit 模型的优势主要体现在：一是关于农户对村镇银行信贷的需求的假定——部分农户缺乏对村镇银行信贷的需求更符合农户贷款的实际决策机制。二是能够有效利用两个方程误差项之间的相关性，从而得出更准确的估计结果。与局部可观察双变量

Probit 模型相比，需求可观察双 Probit 模型利用调查所获取的样本农户对村镇银行信贷的需求的信息，提高了因变量的可观察程度，改进了计量模型的估计效率，从而降低了局部可观察双变量 Probit 模型因信息限制而不得不付出的代价。研究结果证实了，只考察单方程模型很可能错误地解读非农经营收入占总收入的比例变量的估计结果，而误认为从事非农经营项目的农户对村镇银行贷款的需求高。

7.2 进一步的讨论

7.2.1 村镇银行小额信贷的市场效率不高

本书主要从村镇银行对农户小额信贷需求的满足能力、村镇银行剔除经营风险的能力、村镇银行小额信贷交易成本三个方面，来考察村镇银行小额信贷市场效率。

7.2.1.1 村镇银行对农户小额信贷需求的满足能力较弱

本章发现 2007 年家中是否发生婚丧、子女上学、大病治疗等大事显著性地影响农户的信贷需求，这与目前三个地区样本农户的信贷需求主要以消费性为主的现状一致。一方面，村镇银行不结合农村经济发展的实际需要，忽视农户小额信贷需求的变化，一味提供小规模的、短期的生产性贷款产品，没有拓展各种类型的消费性贷款产品，而不能很好地满足农民婚丧嫁娶、建房、医疗等活动的资金需要。另一方面，由于交易费用与村镇银行要求提供足额的抵押品阻碍了农户信贷需求的实现，使得很多具有潜在信贷需求和隐藏信贷需求的农户提前实施自我配给。此外，本章还发现非农经营收入占总收入的比例正向影响农户是否能获得村镇银行的贷款；与高固定资产农户相比，中等固定资产农户获得村镇银行贷款的可能性较小。非农经营收入占总收入的比例和固定资产变量的估计结果表明，非农经营收入高和固定资产多的农户生产性需求较低，但受到村镇银行信贷约束的概率较小。这表明村镇银行在决定是否发放贷款时，主要考察农户的固定资产和非农经营收入占总收入的比例，那些没有固定资产或较小规模固定资产，以及非农经营收入水平低的农户获得村镇银行贷款的概率较小，而这些农户恰恰就是贷款需求最强烈的群体。

7.2.1.2 村镇银行剔除经营风险的能力较差

由第六章的分析可知，尽管村镇银行设定了农户小额信用贷款的程序，但是由于农村小额信贷市场上借贷双方之间存在严重的信息不对称，且缺乏解决信息不对称问题的手段和工具，目前村镇银行发挥作用的往往是另一种“直接机制”，即甄别客户、发放贷款和监督还款均由信贷员完成，他们通常根据自己所掌握的借款申请人的有关信息来决定是否放贷。为确保贷款的偿还，信贷员需要非常谨慎地识别出潜在的风险客户。然而，信贷员在决定是否放贷时，往往缺乏有关农户生产生活方面全面详细的信息，加之缺少科学的分析系统帮助其决策，使得信贷员只能通过主观判断识别出哪些农户和经营项目具有风险。这些原因使得村镇银行小额信贷的风险难以度量和控制。

7.2.1.3 村镇银行小额信贷交易成本较高

由于小额贷款零星、分散，加之村镇银行缺乏规模效应，所以其开展小额信贷的运营成本非常高。发放小额信贷要求村镇银行要和数量庞大、分布不集中的广大低收入户、个体经营户和微小私人企业等进行业务往来，这需要耗费大量的人力物力。从贷款的审核环节看，村镇银行与每个贷款客户分散谈判，需要付出很高的交易成本。从贷款的发放环节看，每笔贷款的发放程序、经办手续和环节大致相同，不论具体涉及的金额有多小，对村镇银行来说都要付出相同的运作成本。从贷款的监控环节看，由于村镇银行客户群非常庞大、地点分散，人手相对有限，导致每笔小额信贷的用途难以监控。

7.2.2 村镇银行的经营效率较低

7.2.2.1 村镇银行盈利水平较低，持续发展能力不强

笔者在调研过程中发现三个地区很多农户缺乏对村镇银行信贷的需求，他们没有寻求村镇银行贷款的原因不是缺乏有利投资机会，而是其经济活动性质已发生了重大变化——从以家庭经营为主转变为外出务工，后者已经成为很多农户的主要经济来源，这一点由以上的实证研究也得到证实——工资性收入对农户信贷需求的影响为负。目前，农户的信贷需求不足和村镇银行信贷供给发生偏移错综复杂地交织在一起，并且二者之间还存在着相互加强的关系。一方面，村镇银行贷款供给发生偏移降低了信贷服务的可得性，农户的贷款需求很难得到满足。另一方面，农民对贷款的需求不足，又引起村镇银行资金利用率下降，自我发展的能力减弱。结果导致农户对贷款服务的需求不足与村镇银行缺乏可持续发展相互“促进”，形成了一个难以打破的恶性循环。

7.2.2.2 村镇银行小额信贷风险水平较高

在村镇银行发挥作用的“直接机制”中，信贷员负责甄别客户、发放贷款和监督还款的工作。信贷员一般认为，贫困家庭最有可能将贷款以及来自信贷投资活动的收入用于消费；或者因为过于贫穷，他们无法通过项目活动产生足够短期的收入分期偿还贷款。因此，贫困农户即使有申请小额贷款的意愿，通常也会遭到信贷员的拒绝。相反，那些有稳定的、多样化收入的富裕农户受到信贷员的偏爱。同时，由于村镇银行是商业化小额信贷机构，扶贫与机构可持续性发展同样重要，这在一定程度上助长了村镇银行的瞄准目标向富裕农户移动。事实上，富裕农户大都进行非农业性经营，其经营项目容易受市场风险和经营环境的影

响，一旦这些项目经营不当，极容易出现小额信贷还款逾期甚至永远不能偿还的情况。同时，尽管在村镇银行成立不久，银监会于 2007 年 5 月下发了《关于加强村镇银行监管的意见》，用于指导和规范村镇银行的监管工作，但是目前仍缺少更为具体的配套管理办法。如，需要监管部门对村镇银行的业务范围、存贷目的做出更具操作性的界定，镇级银行是否可在所辖村开设网点等。金融监管上的不完善也导致村镇银行小额信贷风险水平较高。

7.3 关于需求与供给的思考

由上述分析可知，农户小额信贷需求与村镇银行信贷供给两者之间的相互关系对后者小额信贷效率具有很大的影响。因此，扩展和延伸村镇银行的金融服务需要从信贷供给和信贷需求两个方面入手。构建竞争性的、可持续的农村金融体系必须以需求为导向。

7.3.1 提供增加农户人力资本的贷款项目

三个地区很多农户缺乏对村镇银行信贷的需求，他们没有寻求村镇银行贷款的原因不是缺乏有利投资机会，而是其经济活动性质已发生了重大变化——从以家庭经营为主转变为外出务工，后者已经成为很多农户的主要经济来源。因此，扩展旨在创造就业机会，增加农民教育和职业培训投入的贷款项目才能解决问题。否则，通过发放小规模生产贷款的农村信贷政策只能是低效的。

7.3.2 因地制宜地开展消费性贷款服务

随着农村地区经济结构的快速转变，农户对生产性贷款的需求降低，而对消费性贷款的需求渐长。未来的农村金融政策应该重视农户的消费性贷款需求，对村镇银行而言，开发与农户工资性收入相关的消费性贷款产品将是一项具有挑战性的工作。村镇银行应结合农村经济发展的实际需要，放弃过去那种小规模的、短期的生产性贷款产品，拓展各种类型的消费性贷款产品，这样才能更好地满足农民婚丧嫁娶、建房、医疗等活动的资金需要，更重要的是能够帮助他们利用金融市场平滑消费，减小逆向打击的负面影响，提高他们的人力资本投资水平和福利水平。从短期的操作层面来看，满足中低收入农民贷款需求的最好方式是扩大信用贷款，尤其是担保贷款；但是，从长远来看，推进和扩张农户消费性贷款产品既需要重视农户的工资性收入对其非生产性贷款的影响，还需要考虑到当地居民的人口结构特征及其变化。总之，面对不同地区，不同群体农户多样化的信贷需求，村镇银行提供的贷款服务不应该在同一政策框架下提供一成不变的服务内容，差别化的金融服务将更有针对性，更能提高金融服务的效率和效果。此外，在开发消费性贷款的同时，政府应完善农村保险市场、教育和医疗以及社会保障体制，因为关联市场和配置制度的滞后会阻碍农村信贷市场的正常发展。当然，强调消费性信贷需求的同时也不能忽视农村地区还存在一些农户对生产性贷款有需求这一事实，村镇银行还需为其提供相应的贷款。在强调农户信贷需求发生重大改变的同时，也不能否认农户的信贷需求与村镇银行所提供的贷款产品之间的不匹配。

7.3.3 释放潜在和隐藏信贷需求

如何减少交易费用，笔者认为，目前最为可行的方案是通过深化产权和治理结构改革，以及完善村镇银行内部激励和监督机制等措施，减少交易费用对农户信贷需求的抑制，砍掉“租金类”交易费用可以释放潜在信贷需求。此外，还有一类交易费用与甄别和监督客户有关，它的降低则需通过技术、组织方面的创新来实现。

对于隐藏信贷需求的释放问题，需要考虑抵押和风险。一般而言，抵押品关系到借贷双方之间信息的传递及其有效性。应该看到，过分的抵押品要求容易导致农户的信贷需求下降，大量有资信的借款者可能因此选择退出正规信贷市场（Chaves，2001）[117]。但是，也不能一味地要求村镇银行放弃抵押贷款，因为抵押是村镇银行甄别和监督客户，以及保证合约有效实施的有力工具。因此，关于抵押问题，一方面应该寻找抵押替代，如关联性交易、切断未来贷款威胁等；另一方面需要完善抵押品市场，将村镇银行不愿接受的抵押品进行必要的“转化”，同时降低抵押市场的交易费用。从更深层次看，抵押问题透射出来的是发展中国家农村地区普遍存在的法律制度不完善，缺乏有效的合约实施机制等问题。

8 国外小额信贷发展及其经验借鉴

为穷人提供金融服务的小额信贷，可以培养穷人的经营才能，帮助穷人（尤其是贫困的妇女）主宰自己的命运，现在已在全世界范围被广泛认可和成功运作。小额信贷正在对从社会底层推动经济和社会发展发挥着重要作用。

8.1 国外小额信贷经济思想及其实践

8.1.1 穆罕默德·尤努斯的小额信贷经济思想

2006 年 10 月 13 日，诺贝尔和平奖委员会宣布，孟加拉国穆罕默德·尤努斯及其创办的孟加拉格莱氓银行（Grameen Yunus，乡村银行）获得 2006 年度诺贝尔和平奖。诺贝尔和平奖委员会在颁奖文告中称，持久和平只有在大量的人口找到摆脱贫困的方法后才会成为可能，小额信贷就是这样的一种方法，从社会的底层推动经济社会发展也有利于提高民主和民权。尤努斯教授和他所创办的孟加拉乡村银行通过开展小额信贷业务，使孟加拉国大量的穷人脱离了贫困。尤努斯教授的经济思想和他所创办的孟加拉乡村银行已成为当前世界蓬勃兴起的小额信贷的思想渊源和效仿对象。

尤努斯认为，世界上现存的许多问题都源于施加在自由市场参与者的经济人假设。企业家不应只是一个利润最大化的经济人，而应是将社会责任和利润综合在一起的有良知的经济人。社会可以通过各种手段，越来越多地对企业家产生影响，使他们朝着为社会良知驱使的方向前进。这样，市场经济就不再是唯利是图的资本家的赛场，而是将这个世界向正确方向引导的有社会良知的社会人的竞争场地。他认为，微观经济理论中将个人要么看作消费者，要么看作劳动者，而无视其自雇的个人潜力。这种企业主和劳工之间的理论上的二分法，无视人类具备的素质和能力，所以经济理论的构建应当将这些素质包容其中，而不是将它们剔除掉。在许多发展中国家，大多数人都是通过自雇谋生的，尤努斯称这一群体为民众经济，任何真正理解社会的经济学家都应增强民众经济的有效性，而不是轻视它。同时，尤努斯认为主流经济学家未能理解金融机构所具有的社会能量。在现有的经济理论中，金融机构只是被看作一种给贸易、商业和工业提供服务的润滑剂。而在现实中，金融机构能创造出迅速转化为社会能量的经济能量。例如当贷款惠及某些特定社会阶层之后，那个阶层的经济和社会状况就会得到改善。然而，世界上绝大部分国家的银行只贷款给有钱人，结果富人掌控了更多的资本去剥削穷人，最终造成富人更富、穷人更穷的“马太效应”。

8.1.2 孟加拉国乡村银行经营模式

自 1983 年尤努斯创立格莱珉银行以来，格莱珉银行已遍及孟加拉国的大多数村庄，借款户近 700 万人，其中 97%是妇女，每年贷款金额达 8 亿美元，人均贷款额为 100 多美元。有 80%的穷人家庭获得过该行的小额信贷，贷款总额近 60 亿美元，还款率高达 99%，58%的借款人生活达到了贫困线以上。这使得格莱珉银行从 1995 年起就不必再接受捐赠，日前该行的存款和自有资产是其所有贷款余额的 143%，完全做到了自负盈亏。该银行除了 1983、1991、1992 三个年份之外，每年都赢利。尤努斯的目标是，到2010年，让所有的穷人家庭都能得到格莱珉银行的小额信贷。

8.1.2.1 人性化的经营理念

格莱珉银行的经营理念完全不同于传统商业银行，传统的商业银行总是假设每个借款人都存在违约风险，于是他们用严格繁杂的法律合同来限制客户，保证自己的利益。格莱珉银行却与此相反，它对人的关心胜于对钱的关心，它专门向穷人提供无任何担保抵押品、法律文件、团体担保或连带责任的小额信贷。格莱珉银行经营的理念是每一个贷款者都是诚实的，信贷意味着信任。即使有的贷款者确实违期不能偿还贷款，格莱珉银行也认为他们不是故意违约，贷款者的现实状况可能使他们暂时无力偿还。事实证明，没有抵押担保的借款人比有抵押担保的借款人的还款情况还要好，格莱珉银行的还款率超过99%。穷人深知，贷款是他们摆脱贫困的唯一机会，如果不能按时还款的话，他们将失去这唯一的机会，重陷贫困旧辙。格莱珉银行以人为本的经营理念和一些独特有效的经营机制使得它的坏账率一直惊人地低于1%。

8.1.2.2 简便的小额信贷程序

传统银行通常在贷款到期时要求贷款者全额还款，因为禀赋效应的存在（也称安于现状偏见），即人们有一种让一切事物保持原有状况的行为倾向，任何对原有状况的改变会给人们带来强烈的不良感觉，因此，到期全额还款通常会使贷款者心里难以接受，他们就尽可能地拖延贷款，最终贷款越积越多，导致贷款无法偿还。为了避免大额还款带来的心理障碍，格莱珉银行坚持小额信贷，制定了独特的存贷款机制，它为贫苦的贷款者提供了量身定做的一整套方案，允许任何期限的小额信贷，银行工作人员可以在期限、分期付款的时间上为客户设计最为合适的贷款产品，这样使借款人还贷变得容易。格莱珉银行为贷款者提供免担保的各种贷款产品，有房屋贷款（利率为8%）、教育贷款（利率为

5%）、产生收入的贷款（利率为 20%）、艰难成员（乞丐）免息贷款，所有的利息都按负债递减的单利方式计算。为了帮助那些没有知识与经验的借款者，格莱珉银行最常见的信贷偿付机制可提炼为：贷款期 1 年，每周分期付款，从贷款一周后开始偿付；利息是 10%，偿付数额是每周偿还贷款额的 2%，还 50 周；每 1 000 塔卡（17.25 美元）贷款，每周付 2 塔卡（0.035 美元）的利息。

格莱珉银行发放的是无抵押贷款，且每周分期付款。它能否成功关键取决于贷款者是否有能力将贷款立即应用到能产生平滑现金流的好项目上。这就要求银行员工必须熟悉顾客的能力、健康、品德、家庭成员以及贷款目的等各方面情况，能随时审查贷款和还款情况，并帮助贷款者建立自己的创业项目。所有这些工作都是高度专业的，且每件工作都是一对一的接触。为此，格莱珉银行对新进员工进行了严格培训。培训时间 6 个月，只有 3 个星期在教室学习讨论，其他时间全在贫穷的村庄见习，以使他们理解银行面临的社会和经济环境以及所受的限制，培养员工组织、帮助、激励村民那些未开发潜力的能力，使他们融入格莱珉文化中，融入穷人文化中。培训使格莱珉银行员工更加接近顾客。这些员工到村庄挨家挨户的上门服务，方便了村民存贷款，也有利于银行发现潜在的客户，还有助于工作人员及时了解贷款者的情况，发现问题并及时解决（Kochar，1997）[118]。

8.1.2.3 贷款者、存款者和股东三位一体身份

在格莱珉银行，贷款者同时是银行的存款者，还极有可能是这个银行的持股者。格莱珉银行为贷款者提供有吸引力的储蓄、养老金及保险产品，存款利率最低为 8.5%，最高为 12%。格莱珉银行要求所有贷款超过 8 000 塔卡（138 美元）的贷款人每月最少在一个养老金账户上存 50 塔卡（0.86 美元）。十年后，贷款者将得到一个有保证的数目。这不仅为银行产生了一笔可观的现金流入，同时消除了贷款者未来的后顾

之忧。同时格莱珉银行要求贷款者要在每年的最后一天在一个贷款保险储蓄账户存上一小笔钱，是她未偿付贷款的25%。1995年，格莱珉银行决定不再接受任何捐助资金，以格莱珉不断增长的存款储蓄来运作并扩展其信贷项目以及清偿现有贷款。格莱珉银行的待偿贷款全部由自有资金与存款储蓄提供，68%的存款来自银行的贷款者。仅存款储蓄已达到待偿贷款的97%，如将自有资金与存款储备两项相加，则达到待偿贷款的130%。可贷可存是格莱珉可持续发展的关键。格莱珉银行鼓励贷款者成为持股者，他们可以购买该银行的股份，每股的价格大概是1.5美元，每个人限买一股。作为股东，他们可以投票选举董事会，也有资格成为董事会成员，这会使贷款者觉得银行是属于自己的。格莱珉正是通过这种三位一体的方式，让客户把自己的命运紧密地与银行联系在一起。如今，格莱珉银行的贷款者拥有银行94%的股权，另外6%为政府所拥有，是真正意义上的穷人银行。同时格莱珉银行的董事会主席由董事会任命，而不是由政府任命。因此，格莱珉银行可以自由地选择一位为其股东服务的董事长。格莱珉银行的组织结构确保了银行经营战略的稳定性和长期性，摆脱了政府机构官僚主义的侵蚀。格莱珉银行本质上是一个成功的企业而不是慈善机构。作为一家企业，为控制成本，格莱珉银行严格控制开支，不轻易增加分行。每一个地方要增设分行，必须先有足够的存户愿意存款，以存款作为贷款基础，总部不会提供资金。另外分行需在开业第一年便盈利。格莱珉银行主要通过小额信贷获利。它盈利的主要目的是在医疗、教育、环保等各方面对穷人有所帮助。格莱珉银行完全按照市场机制来运行，使扶贫者与被扶贫者都达到双赢。

然而，尤努斯认为现代经济理论在正确解释如何减轻和消除贫困方面存在着一些缺陷。原因在于经济学家忽略了信贷的社会力量，没有认识到人类的自雇能力在解决失业和贫困方面的潜力，只是关注企业的利润最大化目标而无视为人类谋福利的社会目标等，而这些因素恰恰对大众、政策制定者以及经济学家的世界观有重要影响（Feder et al., 1990; Diagne et al., 2000）[119,120]。因此，我们应该创造有着利润最大化和为人类谋福利两目标结合的社会企业，来减轻和消除贫困。格莱珉银行就是这样的一个尝试和典范，它通过开展无抵押的小额信贷业务和一系列的金融创新机制，不仅创造了利润，而且还使成千上万的穷人，尤其是妇女摆脱了贫困。如今，尤努斯创办的小额信贷业务已经成为许多国家的效仿对象和盈利兼顾公益的标杆。

8.1.3 美国小额信贷经营模式

在过去的 20 年间，美国的小额信贷业务扩展十分迅速，美国乡村基金会现在已经惠及了超过 200 万个家庭，其中 60 万生活在美国的贫困线以下，小额信贷使他们越过了贫困线。现在，美国政策制定者、实践者、赞助者、学者都理解并支持小额信贷作为一个减缓贫困的有力工具。美国小额信贷得到了政府财政的支持、政策性金融机构的配合、社会富裕阶层的资助，具有再分配的功能。

8.1.3.1 美国小额信贷政策

美国政府以政策声明的方式明确、肯定了小额信贷在减少贫困上的重要性；政府应当为小额信贷的成长，创造一种良好的环境。建立一个独立的小额信贷委员会，为小额信贷创建制度框架给予支持并提供必要条件；委员会由政府、赞助人、非政府组织、学术界和私人部门的代表组成，所有成员应该对小额信贷有深入的了解并给予支持；委员会提出初步建议，并且任何一个建议成为制度后就应当付诸实践。或者将行使制度的权限交给适当的机构，如小额信贷批发资金管理机构。当委员会正在协商、尚未形成制度建议之前，政府应当允许非政府组织或小额信贷机构进行有限的金融活动，包括准予贷款及从顾客那里吸收储蓄，在此过程中小额信贷委员会的建议也可逐步试验落实。

小额信贷委员会应优先关注4~5个与小额信贷相关的关键问题，并且针对这些问题提出建议，别的问题稍后解决。利率：对高利率，法规不予限制，并且对利率的多少不予限制。允许小额信贷利率在开始阶段高于通常银行交易的利率。将利率限制得很低，对大多数借款人并不有利，他们也许不能得到持续的服务，然而，小额信贷项目应当通知他们的借款人和公众，告诉他们利率的标准以及每年结算期内的百分比率。储蓄动员：不要禁止非政府组织从贷款客户中吸收储蓄存款，因为大多数的非政府组织是与纯粹的借款人做交易而非纯粹的储蓄者，如果失败了，风险也是最小的，禁止获得存款会阻碍非政府组织对储蓄存款的动员。如果非政府组织不能取得存款，他们也将不能取得存款保险。非政府组织希望动员公众存款，为此他们应当将目标和管理的透明性，纳入制度中。资金需求：应当满足小额信贷机构的最小资金需求，并且不应该给贷款附加条件，按最低标准衡量，流动资金需要量也不应超过25%。标准化：应该统一所有小额信贷机构的财务规定，加强对小额信贷的认识，消除混乱。透明性：小额信贷机构应当对账册、规则和运作工序的透明性做出明确规定，以使任何针对穷人和公众的贪污与欺骗的机会减到最少；授予委员会提出建议的权力，能为小额信贷引入特殊的法规。在美国，现存的法规、银行规章和其他金融规章对小额信贷机构既不适用也不够灵活。委员会可以起草规章制度并交给法规制定者共同协商，应当努力保证这个法规的通过能得到两大政党的支持。为国内银行与小额信贷机构合作提供鼓励，而不是要求或命令他们这样做，那样做。因为商业银行缺少理解和兴趣，他们很难做到有利可图。

要求美国乡村基金会等小额信贷机构遵循以下原则：小规模开始并循序渐进，不应该急于管制；与主要的参与者商量，包括政府官员、非政府组织、赞助人、银行部门，以便让参与者完全参与并增加对小额信贷的理解；辨别现有的成功小额信贷机构，制定制度框架与他们共同合作，而不是用规章限制他们的行动，同时要引导小额信贷机构把为最穷的人服务作为工作重点。总的来说，重要的是大量的小额信贷机构都应被包括到这个进程中；采取一些有效的途径以引导社会关注，政府应该努力创造和维持一种良好的气氛，以鼓励小额信贷的成功，控制只能用于必要的情况，并应防止转向过度控制；对小额信贷机构的管理与监督不要过分苛求。

8.1.3.2 美国小额信贷的运作模式

美国小额信贷发展靠市场和政府。靠市场就是按照市场经济规律一步一步地完善小额信贷市场；靠政府，不是依靠行政命令推出一个模式，从上到下，统一执行，而是承认差别，尊重下面的创造。美国建立可持续发展的小额信贷机构有三种模式即升级模式、降级模式和绿色田野模式可供选择：所谓升级模式即将半正式的小额信贷机构升级为正规金融机构；所谓降级模式即主要由现有商业银行运作小额信贷业务；所谓绿色田野模式，即一开始就成立小额信贷的正规金融机构。美国小额信贷具有分配再分配的功能，得到了政府财政的支持、政策性金融机构的配合、社会富裕阶层的资助，因而能充分培育金融资源，利用金融手段，扶助弱势群体，推动贫穷落后地区发展，让他们分享经济发展的成果。机构设置的区域性，即哪些地区应有这样的金融组织，哪些地区不必要有这样的金融组织，应根据需要进行统筹安排，如城市的某些社区，农村的老少边穷地区；组织形式的多样性和独立性，政策性金融机构是主力，商业性金融机构为辅助，主要有小额信贷银行、小额信贷信用社，也可以有小额信贷基金会、小额信贷金融办。各类小额信贷金融的组织形式必须独立运作，只有独立运作才有效率；资金来源要多元化，如联邦财政拨款、州政府财政拨款、商业借贷、社会捐赠、各方赞助；资金运用要有规范性，规范什么样的人群（地区、行业、家庭）能够享受小额信贷金融服务，哪些人群不能享受；操作程序要有选择性：确立不同类型的小额信贷服务方式让弱势群体选择，如小额低利助学贷款、小额免利就业贷款、分期偿还生活贷款等。不同的小额信贷方式，有不同的条件，不同的要求，不同的操作方式。

8.1.3.3 美国小额信贷的运作效率

美国是发达的市场经济国家，商业性金融很发达，小额信贷也很完善。例如，在美国，有一种由政府财政支持发展的商业性金融机构提供的助学小额信贷得到大规模发展，2001 年贷款总额达到 397 亿美元，接受贷款的学生总数达 570 万人。根据 2003 年剑桥消费者信用指数的调查，22%的美国人都负有同一种债务，它不是住房、汽车抵押贷款，而是他们在大学期间的助学贷款。美国的助学小额信贷快速发展的原因在于，从需求方说，借款上大学是司空见惯的事，不觉得不光彩，助学小额信贷成了许多人圆大学梦的“绿色通道”；从供给方说，资金主要来源于商业金融机构，由政府财政担保，银行就有了积极性。斯坦福贷学金是美国最盛行的助学贷款，它有两种形式：一种是资金直接来自政府，由政府承担风险；另一种是资金来自银行或其他金融机构，由州政府进行担保，联邦政府进行再担保。如果学生违约没有归还贷款，或者由于死亡、疾病等原因无法还贷，州政府和联邦政府将向银行赔付 95%的损失。据美国权威机构统计，1990 年，美国学生贷款的拖欠率达到了历史最高峰 22.4%，经过十几年的努力这个数字下降到了 5.4%的历史最低点。在美国，小额信贷的主角是政府和家庭，银行是配角，体制机制很完善，凡是想要得到小额信贷的家庭基本上能获得，小额信贷需求的满足率很高，而且偿还率也很高。

在美国还有一种特殊的家庭小额信贷模式，这种模式简单地说就是允许符合条件的家庭破产豁免对银行的债务，而由国家财政还清家庭欠银行的债务或补偿银行。家庭破产必须依法进行，早在 1898 年，美国国会就颁布了包括个人、家庭破产内容的破产法，这部法律生效时间长达80年，直到1978年才修改。以后美国的家庭破产法的内容又几经修改，总的精神是既防止消费者滥用破产法逃脱银行欠款，又维护那些资不抵债生活困难的弱势群体。从银行来看，破产自然带来了损失，但这种损失应看作是政府、银行对破产家庭的支持，它是一种通过金融中介的社会救济。如果说对困难家庭直接发放小额信贷是顺向支持，则允许符合条件的家庭破产豁免对银行的债务是逆向支持，前者是主动的，后者是被动的。

8.1.3.4 美国提高小额信贷效率的措施

根据美联储理事会的定义，小额信贷包括通过正常的商业途径发放给个人的用于生活及教育等个人消费的短期及中期信贷，有时也可为由于同样目的而出现的债务再融资而发放的信贷，教育贷款、有担保及无担保的周转信贷等都是小额信贷的重要类型。在美国，总的小额信贷余额已经从1976年的50亿美元上升到2000年的800亿美元，而且低收入群体分期付款信用余额的变化与低收入群体可支配个人收入之比（信用变化比，通常为10%~15%）常常领先经济周期的峰值10个月，在经济周期低潮来临之前还会稍稍起高。低收入群体债务的另外一种稍稍不同的度量指标是负债偿付比率（指对教育贷款、信用卡及其他家庭贷款的计划好的偿付占个人收入可支配部分的百分比），这个比率的下降与经济衰退同时出现。小额信贷风险管理系统适用于范围很广泛的零产品，诸如零售分期偿付信贷、住宅资产净值贷款、教育贷款或租赁、分时共享。这个系统运用很多不同的技术：人的主观判断、信用计分、决策树分析、数学规划及最近使用的人工神经网络。

（1）建立了小额信贷判断系统。用于小额信贷判断中的原则通常是依本国的情况而异，而且还取决于机构的信用文化。信用风险模型可分成两大类——信用许可模型及行为计分模型。信用许可模型是用来决定是否要授出这个信用，它们包括给出的这些变量；行为计分模型则是考虑不同的信用额度授予及使用不同的收账方法的情况下，如何提高获利能力的方法，它包括下述模型：信用额度增加或再次发行模型，信用限额的使用程度是与该信用的品质高低呈反向相关关系。为了鼓励品质良好的用户使用他们的信用额度，放贷者愿意增加他们的信用额度，并诱以其他的措施，例如分层定价：追账模型，当某客户有较高的风险，将会演变成坏账的情况下，需采取哪些强化的追账措施；欺诈鉴别模型，通过与以往欺诈经验中类同模式的比较来辨别欺诈性的账户；账户取消模型。

（2）准确度量违约率和损失率。信用风险中的一个关键成分即是违约的风险。无论是在单纯的基础上，还是在整个组合的基础上考察债务工具，违约概率以及挽回率调整在风险评价和估价中都发挥着关键的作用。违约是指小额信贷借款者已经有一次未偿还该偿还的利息，破产登记或者是宣布对债权人极为不利的重组。在 1988 年之前，分析人员根据有限时间内，比如一年的小额信贷初始样本来度量违约率。计算违约率可有多种方法，但最常见的是两个时间序列。一者是 Altman 汇编的国内一般小额信贷（不可转换的）及高收益小额信贷违约的总市场值与未偿清小额信贷市场值的商以及穆迪的数据，它是将每个信用等级的违约发行者的个数除以该信用等级的全部发行者个数。1981—2000 年期间美国年加权平均（以未偿清款为权重）违约率为 8.11%。

（3）提高挽回率。挽回是指违约时小额信贷的出售价格，或者是在危机重组时期之后小额信贷的价值。违约债务人属于哪个行业，以及债务的优先等级都会对挽回部分产生影响。一个家庭所从事的业务类型将会决定该家庭持有的资产类型以及它的运营所处的竞争环境。在其他因素相同的情况下，资产越是有形的和流动的，它们的清算价格就越高，因而在出现危机的情况下这些小额信贷的预期价格也就越高。另外，一个已处于危机的实体的未来收益越是确定，家庭的价值和债务的价值也越高。1981—2000 年期间以 750 家违约小额信贷样本计算的算术平均挽回率为 40. 11%。优先等级在此过程中的确发挥了它的作用，按优先权分类的平均挽回率是，优先有担保小额信贷的平均挽回率为面值的 58%，优先无担保小额信贷为 48%，高级后偿小额信贷为 35%，次级后偿小额信贷为 32%。

8. 2 国外小额信贷发展的经验与启示

随着我国周边地区经济竞争的加剧，地方商业与乡村银行或许很快会发现自己已被推入小额信贷市场。自 1984 年改革后，印尼人民银行（BRI）就从亏损严重的国家乡村银行转变为面向穷人的商业银行，向穷人发放贷款并推出政府支持的、没有最低储蓄额限制的储蓄方案。目前该银行大约拥有 3 000 万名储蓄客户。更令人关注的是，荷兰银行（ABN Amro）、汇丰银行（HSBC）、荷兰国际集团（ING）和花旗集团（Citigroup）等全球最大的银行机构也开始涉足小额信贷服务。2001 至 2003 年，花旗集团给予孟加拉乡村银行美国信托部 130 万美元，支持面向 2. 5 万赤贫家庭的小额信贷项目。花旗集团小额信贷全球总监罗伯特·安尼贝尔（Robert Annibale）说，他为小额信贷机构的信贷业绩、展示的盈利能力以及为服务匮乏地区提供服务的深度所深深折服。“现在的挑战是要控制成本，因为小额信贷的需求相对较高但借贷金额较小。不过已经建立的模式和获得成功的机构表明，小额信贷业务具有商业吸引力和继续拓展的潜力。”安尼贝尔先生以其他国家的合作社、信用联社、邮局和银行牵头推广小额信贷为例说，“毋庸置疑，中国会找到自己的发展道路，也能够实现可持续发展，甚至盈利的小额信贷组合形式多种多样，亚洲和拉美这种现象更加突出。”国外小额信贷发展的成功经验为我国提供了很好的启示。

8.2.1 创新农村小额信贷模式

我国地域辽阔，各地区的经济发展水平差别很大，农村金融机构应结合当地农村经济发展的实际需要，拓展各种类型的贷款产品，这样才能更好地满足农户各种活动的资金需要，更重要的是能够帮助他们利用金融市场平滑消费，减小逆向打击的负面影响，提高他们的人力资本投资水平和福利水平。面对不同地区，不同群体农户多样化的信贷需求，农村金融机构的贷款服务不应该在同一政策框架下提供一成不变的服务内容，差别化的金融服务将更有针对性，更能提高金融服务的效率和效果，进而改进小额信贷效率。

8.2.2 构建促进农村小额信贷发展的财政保障机制

农户自主创业需要国家的财政支持，政府可在农民办理各种证照和税收方面给予减免。如办理工商、税务、卫生、环保等证照时，政府可以免收各种费用，并且在税收上给予照顾。如果各种税费照章全收，很多获得小额信贷的贫困农户根本就无创业冲动。改变计划经济时期城乡二元经济结构和县乡财政体制，形成城市支持农村、工业反哺农业、城乡统筹发展体制，改善农业基础设施，促进农村经济发展，增加农民自我积累能力。中央直接对县、乡的转移支付首先应该保证基层政权的事权发挥、义务教育、公共卫生和一些必要的基础设施建设。就支持农村税费改革而言，解除对农民不合理的契约而带来的成本支付不是一次性的，需要通过新的契约关系来解决，这种新的契约关系要通过财政体制来固定化。农村公共事业发展在增强农户在金融市场上的融资能力和提高农户使用小额信贷资金效率中的重要性已不容置疑，从公共财政的角度考虑，在增大投入的同时，如何从公共事业发展的角度完整设计、细化事权关系，形成各级财政间的合理分担，并在此基础上对财权进行相应的匹配，使一些现行的政策性安排内化为体制性安排，是一个比单纯增加财政投入更为重要的问题，也是发展好各项事业的根本保证。没有国家财政补助的农村小额信贷是不可能持续和有效的。

8.2.3 构建支持农村小额信贷发展的公共管理平台

建立和健全小额信贷资金的公共管理平台，为相关部门提供有效的会计、统计数据、资料，有助于及时发现问题、研究对策，解决小额信贷中存在的问题和困难，为小额信贷的健康发展提供重要的保障。

8.2.3.1 政府统一建立农户台账管理系统

建立健全农户台账管理制度有利于农户及时了解自己的还款情况，使信贷员很容易了解所管辖地区的农户还款情况，及时入户催促还款并提供相应的服务措施，保证农户正确使用小额信贷资金，真正发挥效益。台账的建立和完善，结合会计的管理监督，确保资金的安全和数据的准确性。

8.2.3.2 政府统一建立农户档案系统

农户档案系统信息来源于两条渠道，一是农户申请小额信贷自己说明的基本情况，二是农村金融机构通过调查工作收录到的农户信息。农户档案系统反映农户的基本情况，如姓名、性别、年龄、住址、文化程度、收入来源、家庭人口、劳动力等，它是农村金融机构选择小额信贷发放对象的依据。相关部门通过农户档案系统直接深入乡村调查核实农户选择小额信贷融资的真实性，以防金融机构造假。更为重要的是，上级政府部门可以通过农户档案系统了解农户获取小额信贷资金后生活改变的情况，看到服务于三农的小额信贷的真实业绩。

8.2.3.3 政府统一建立小额信贷计算机网络管理系统

小额信贷计算机网络管理系统可提高小额信贷资金监控的深度、广度、提高工作效率，及时、全面获取各地区的小额信贷资金运作情况。市场上的财务软件虽然多，但能用于小额信贷资金管理的软件可能还很少，政府统一开发一套包罗整个小额信贷运行系统的软件，有利于改进小额信贷效率。通过计算机网络使农户台账系统、农户档案系统等相互连接，相互补充，通过测算平衡最后形成需要的"资产负债表""损益表""管理费用支出表""现金流量表""贷款逾期账龄分析表"，年终生成"机构评估表"和相关的统计表。把生产的各种报表通过电子邮件发到上一级管理部门，通过软件自动汇总后，又可以生成新的报表。各相关部门可以及时、准确了解小额信贷的运行情况，管理部门也可以及时、快速地向金融机构和农户发布政策信息。

尤努斯教授的经济思想和他所创办的孟加拉乡村银行已成为当前世界蓬勃兴起的小额信贷的思想渊源和效仿对象；格莱珉银行专门向穷人提供无任何担保抵押品、法律文件、团体担保或连带责任的小额信贷。美国小额信贷得到了政府财政的支持、政策性金融机构的配合、社会富裕阶层的资助，形成政府、贫困家庭和商业金融机构三赢的经营机制，具有分配再分配的功能。我国农村小额信贷效率低下的原因在于，风险难以度量和控制，运营成本太高和不合适的财政基础；我国应该借鉴国外小额信贷发展的经验，创新农村小额信贷模式，形成国家支持、农户和金融机构互惠互利的体制机制。

9 我国政府在村镇银行小额信贷中的作用

关于农村金融发展与政府行为关系的一个简洁描述是：政府行为对农村金融发展有决定性影响，农村正规金融制度可以看作主要是作为制度制定者的政府行为的结果，而政府对农村非正规金融的发展也具有很强的约束作用。政府对制度变迁具有决定作用的行为表现是制定法律、修改规则、发布政策以及保证法律、法规及政策的执行等，在我国农村金融领域，它决定了农村正规金融组织的产权形式、治理机制、进入退出方式、甚至包括储蓄动员、信贷资金的投向以及信贷交易的价格等具体业务。本章首先反思政府在我国农村金融领域中的不恰当定位，其次结合我国农村金融的发展，讨论政府的重新定位，最后解析在我国小额信贷发展中政府、村镇银行与农户三者之间的利益互动机制。

9.1 农村金融领域中的反思

事实上，市场与政府，作为资源配置的两种方式，两者不是对立的，也不是简单的平行关系，而是互补关系。温铁军（2000）认为，在不同的国家、不同的发展阶段、不同的领域并不要求遵循同一标准模式，重要的是看它们合力的结果有没有完善了市场机制，提高了市场效率，增进了总体福利[121]。分析我国农村金融体制改革与政府的行为边界不难看出，我国政府在农村金融领域内确实存在着不同程度的“越位”“错位”与“缺位”。

9.1.1 政府对农村金融市场过度干预：越位

首先，从我国农村金融改革历程来看，金融制度变迁的每一步都源于自上而下的政府强制性供给行为，而不是自下而上的诱致性政府需求行为，更不是自下而上的诱致性微观金融企业需求行为。从双层银行体制的建立，金融机构的多元化到发展金融市场；从商业银行的综合化经营到分业经营；从人民银行的统一监管到证监会、保监会、银监会“三足鼎立”的分业监管，等等，均采用了政府供给主导型的强制性制度变迁方式。张曙光（1999）、邓大才（2004）指出，这种方式虽然降低了制度变迁的时间成本和摩擦成本，但制度供给在很大程度上难以满足微观金融主体的制度需求，也不一定提高制度变迁的效率[122,123]。政府作为推动金融制度变迁的“第一行动集团”，在决定金融制度变迁的形式、速度、突破口和时间路径时，既有促进微观经济金融主体效益和整体金融效率最大化的动机，更有维护“公共金融产权”不变，通过金融制度履行部分财政职能和税收功能，确保国民经济产出的不断增长，以实现政府自身利益的最大化的目的。当改革的措施、速度与政府利益和偏好发生矛盾时，政府一般就会暂缓改革，甚至不惜走回头路。如农村金融市场改革、农村信用合作社改革等。在这种制度变迁框架内，微观金融主体只是金融制度的被动接受者。

其次，地方政府对农村金融机构的行政干预问题。尽管我国农村金融管理体制历经多次变革，但是不管由谁来领导管理都逃不脱“官办”的色彩，并一直处于“保护性陷阱”之中，这不仅影响了农村金融的发展，而且广大农民也难以得到有效的金融服务。张建军（2003）通过研究发现，国家对农村金融的管理权由中央移至地方政府后，地方政府责任大大增强了，尤其是对金融风险的处置时，权责不对称，地方政府巧妙地运用各种资源，弥补权责的不对称，从而使地方政府干预只是变换花样，很难避免地方政府对农村金融的介入，甚至与以前相比只能是变本加厉[124]。同时，苑德军（2005）指出，虽然农村金融改革要按照政企分开的原则对农村金融机构实施宏观的间接管理，不能把农村金融机构管理权下放到地方政府手中，但事实上农村金融机构实施行政手段时都是借助地方政府的力量来进行的，地方政府也以各种理由、方式参与到农村金融机构管理上来。当农村金融机构与地方政府发生利益冲突时，由于种种的依附关系，使得农村金融机构不得不听从地方政府的指挥[125]。长此以往，地方政府对农村金融机构的“过度管理”致使其缺乏足够的成长和发展空间，产权结构和管理体制成为制约农村金融机构自身能力构建的障碍。

不管是在我国农村金融制度变迁的过程中，还是在农村金融机构的管理中，政府的行为都已经超过其应有的边界，说其“越位”在所难免。

9.1.2 政府对农村正规金融机构定位偏颇：错位

随着政府主导型制度安排效率的递减，在与市场的较量中政府开始调整自己的方向，政府力量逐渐退让，不断增强市场的作用。然而，在这一过程中，政府在农村金融体制建设中又存在了另一种问题，即政府的“错位”，政策性金融机构没有发挥其应有的作用，许多应该由政策性机构承担的任务落在了商业性金融机构肩上。

农业银行、农业发展银行和农村信用社原是农村正规金融安排的主要形式。但自 1996 年开始，中国农业银行开始与农村信用社行社分离，并大量撤并其设在乡镇的分支机构，逐渐退出农村金融市场（毕继繁等，2005）[126]。而中国农业发展银行目前主要负责农副产品收购贷款，尤其是粮食和棉花收购贷款，基本不与农民发生信贷业务。至此，农村正规金融安排的市场结构发生显著变化，农村信用社成为农户提供贷款的最重要金融机构。尽管产权结构和管理体制都表明农村信用社是一个商业性金融机构，而不是政策性金融机构，但在我国，农村信用社却一直被认为是农民自己的合作金融组织，政府更赋予了其向农户提供信贷服务的职责（李激扬，2006）[127]。因此，农村信用社的“准国有”身份使得其一方面要承担政策性义务，而另一方面又要追求经济效益。对农村正规金融机构定位上的偏差导致了政府管理的“错位”，加大了农村金融的风险，这也是长期以来，虽然政府从多方面支持，而农村金融发展仍持续缓慢的症结所在。

9.1.3 政府对农村民间金融不恰当作为：限制

与对待农村正规金融机构“过分干预”的态度形成鲜明对比的是，政府在对待农村民间金融的发展问题上，长期以来则是采取“限制”的态度。

由于农村正规金融机构的所有制偏见和制度歧视，农村经济发展往往得不到足够的资金支持，信贷配给现象较为普遍。在体制内金融对农村供给缺乏的情况下，许多农户和乡镇企业不得不寻找新的融资渠道，以弥补资金需求的缺口。民间金融的出现是农村经济发展对体制内金融扭曲和金融抑制的理性回应。谢海（2005）、鱼小强（2005）认为，对于农民来说，民间金融市场的重要性远远超过了正规金融市场，部分地区的农村民间金融已有相当规模。民间融资的形式多样化，融资范围和内容不断扩大，民间金融为农村经济的发展注入了强大的推动力[128,129]。但是由于体制内金融与民间金融之间的利益冲突，民间金融的部分信贷行为不合法以及民间金融活动游离于国家的监管之外，并由此可能积累大量的金融风险等原因，民间金融组织得不到法律的保护，并成为取缔的对象（张余文，2005）[130]。事实上，农村民间金融供给的迅速发展表明其存在的必然性和合理性。对于如何解决民间金融发展所带来的各种问题，应该说，农村民间金融只有及时融入现代金融体系之中，建立规范的民间金融体系，才能在农村金融市场有立足之地，也才能促进农村金融资源的优化配置。然而，政府却因为金融风险等原因，对其进行限制。

9.2 政府的重新定位与农村金融发展

国际上把政府在农村金融中的职能分为两种即促进型和开发型（张雪春，2006）[131]。促进型职能指促进金融创新，营造良好的农村金融机构的发展环境，提供数据、培训、咨询等各种服务，以及依法进行监管、审查准入资格、惩治违规经营等等。开发型职能指政府参股农村金融机构，参与这些机构的资金组织和管理，或提供资金支持，确定信贷方向，决定差别利率，提供优惠再贷款和信用担保创新，实践表明开发型职能会对金融中介发展起到抑制作用，不能取得预期的效果，而促进型职能可以使农村金融可持续发展成为可能。

政府在农村金融领域存在的不同程度的“越位”“错位”与“缺位”，导致目前我国政府在农村金融发展中的作用还仅仅停留在开发型阶段。我国农村金融仍然是政府支持农村经济发展的主要融资工具，政府应如何在农村金融的发展中发挥作用值得我们深思。

在农村金融领域内，虽然政府主导下的农村金融体制改革不断推出新的举措，但是其收效甚微。从根本上而言，政府在农村金融领域内缺乏合理的定位进而难以发挥应有的作用是众多问题的症结所在。从农村金融理论的发展过程来看，以补贴为主要政策导向的传统农业融资理论已经被证明是失败的，伴随各国经济向市场经济体制转轨的发生，在农村金融领域内也发生了市场化的回归，同时，有鉴于农村金融服务对象的特殊性——农业具有弱质性和外部正效应，又决定了政府应当在农村金融领域内承担必要的责任。这里，问题的关键在于政府必须正确处理好以下几方面关系。

政府的财政职能和金融职能的关系。在支持农民增收过程中，财政政策和金融政策是两个重要的手段，政府的财政职责要求国家提供大量的低利率资金维护农村地区的生产和再生产乃至基本的生存，通过税费改革减轻农民的负担，通过财政直接补贴增加农民的生产积极性。金融职能的主要体现在深化农村金融体制改革，健全农村金融服务的体系，提高农村金融体系效率，解决农业生产和农民增收资金不足的问题，两者不能混淆，然而在实际工作中许多地方农村金融机构一直被用来提供财政和金融两种职能，在大多数时候还被当作用公共救济的机构，在政府财政状况不佳的地区，农村信用社还被要求为基础设施建设、农业科技推广提供融资，把本应该由政府财政出钱的项目转嫁到农信社（李喜梅 等，2005）[132]。金融政策往往依靠市场机制发生作用，而财政政策更多体现了政府的经济职能，弥补市场的不足。农业生产由于受自然条件影响风险高，借款给贫困户用于非生产性支出也不可能有回收，这样势必损害农村金融机构的可持续发展能力（严瑞珍 等，2003）[133]。正确处理好财政与金融的关系，发挥好财政政策的基础作用，利用好金融政策的助推作用，否则一味地要求支持“三农”必然导致农村金融机构的亏损，无法持续性地支持“三农”。

地方政府和中央政府金融发展中的权责关系。由于中央政府和地方政府权责不对称，增加了农村金融机构的道德风险（姜长石，2001）[134]。在财政困难的地方，由于商业银行服务缺位，地方政府通常以行政干预来获得地方利益，同时又把成本转嫁给农村信用社（林毅夫 等，2001）[135]。农村信用社通过问题暴露把成本汇总，形成一个大的资金窟窿，最后却由中央政府来为此买单。最大的成本承担者是中央财政，最倒霉的是农村信用社，因为它们总是处于改革的惶惶不安之中，最大的获益者是地方政府，因此我们必须设计出某种制度，使地方政府为他们的获益支付某种代价。这就需要我们通过立法建立制度性框架，既要发挥地方政府的优势和积极性，又要重视农村金融对发展农村经济、服务“三农”的重要作用，采取一些优惠政策为农村金融机构在农村良性发展创造良好的经营环境，同时还要给地方政府明确的定位，在农村金融机构出现支付危机时承担一定比例的救助资金，抑制地方政府对农村金融机构具体业务的干预。

监管者和行业管理者的关系。农村金融机构的改革中的最大问题首先既不是沉重的历史遗留问题，也不是农村收益率低的问题，而是缺乏有效行业管理推动下自目无序的改革。政府在做监管的同时又是农村金融机构的行业管理者（赵霜茁，2004）[136]。在不同时期人民公社、农行、人民银行和银监会都担任了这个角色。在“风险管理”的名目下，省联社仿效国有大银行的集权管理模式，高度集中信用社的人、财、物权对基层信用社实行严格的贷款限额管理。地方政府的行政干预，不但没有被改革，反而随着信用社权力集中而得以强化（刘敏，2006）[137]。因此政府机构的职责必须从管理向监管转变，将农村金融机构的管理权真正交给股东，由股东产生董事会、监事会，并由董事会自主选择经营者。

因此，我们可以给出政府在农村金融领域中发挥作用的行为边界：一是在市场失灵的地方充分地发挥政府的经济作用，即增强政府在政策性金融领域中的行动力度与行动范围；二是基于当前不完善的农村金融市场现状，采取阶段性与渐退式的政策，推动市场规则的建立，完善市场机制的作用。

9.3 政府、村镇银行与农户利益关系分析

从国际小额信贷发展的过程来看，无论是最初扶贫小额信贷的发展还是小额信贷正规化、商业化的过程，政府都应该在其中发挥着重要的作用。基于杜晓山、孙若梅（1997）对于国际经验与国内扶贫社试点的研究表明，小额信贷如果要充分发挥其效益，政府的推动作用是必不可少的，在国内的各试点项目中，政府的支持程度不同，其效果和发展速度也呈现很大的差异[138]。

在我国，从农户小额信贷的开展来看，政府同样在其中发挥着不可替代的作用。在农户小额信贷开展之前，面对农户长期的“贷款难”问题政府始终缺乏良策，而其结果已经严重地影响了农民收入的提高和农业、农村经济的发展；同时，农村金融机构“难贷款”的困境也使得农村金融的发展举步维艰。因此，农村金融发展的实践存在现实的要求制度绩效改善的需求，农户小额信贷的开展，事实上是在这种需求引发的前提下最终通过强制性的变迁加以实现的（范桂汕，2007）[139]。以农村信用社开展小额信贷业务为例，政府在政策和资金上给予了很大支持。从1999年以来政府出台了多项相关的法规和办法来推动其开展，中央银行再贷款不断地注入农村信用社，且不论这种资金注入方式长期的绩效如何①，从现实的效果来看，政府的积极推动确实促进了农户小额信贷的快速发展（张元红，2005）[140]。而从村镇银行农户小额信贷开展的情况来看，政府在其中发挥的作用是积极而有效的，村镇银行的建立推动了农村金融市场的发展，同时也促进了农户获得信贷的可得性

① 央行再贷款很可能使得农村信用社更加依赖于政府的支持，而难以真正走上商业可持续发展的道路。

并进而对农户的生产、收入产生积极的影响。

诚然，在村镇银行的发展中，政府应该发挥必要的作用。但是，从村镇银行的运行来看，其运作的主体是村镇银行，服务的客体是以农户为代表的中低收入群体，在其运行过程中，虽然需要政府为其发展创造良好的外部环境，并适当地引导和促进其发展，但关键在于建立起村镇银行与农户间的良性互动机制，即村镇银行着眼于农户的信贷需求特征分析，进而提供适合其需求的小额信贷产品；同时农户通过小额信贷产品的特殊运行机制，逐渐建立起与村镇银行间的信用往来关系。从村镇银行农户小额信贷来看，这里政府、村镇银行和农户间的关系主要体现在以下几个方面：

（1）政府在村镇银行的发展中，作为政策的制定者，其根本的作用在于提供促使其有序发展的规则和机制，规范、引导和促进农户小额信贷的发展。一方面，政府需要进一步推进农村金融市场相关领域的配套改革，适应新的时期农户信贷需求发生改变的现状，即农户对生产性贷款的需求降低，而对消费性贷款的需求渐长。另一方面，政府应该进一步完善司法体系和法律制度，降低农村金融市场的交易成本和贷款风险。此外，政府还应该致力于推动农户信用制度的建立和农村信用环境的改善。从农户小额信用贷款运行机制来看，农户信用机制在其中发挥着至关重要的作用。因为从一般意义上而言，在小额信贷市场上，由于村镇银行与借款者之间存在的信息不对称问题，通常在放款之前，村镇银行必须对借款者的质量予以验证或者要求借款者提供足以能够保证其质量的信息，这里传统的做法是要求足够的抵押担保品。而在农户小额信贷的运行中，村镇银行开展业务的基础是基于对农户的信用评级，以农户的“信用”作为一种对现实的抵押担保品的替代，因此，获取农户信用的信息是非常重要的。信息的获得是需要花费成本的，对于村镇银行而言，相对于传统贷款业务而言，花费较多的信息收集成本来开展小额信贷业务缺乏足够的激励，在此出于对农村金融发展的支持，需要政府发挥积极的作用，比如政府可以在建立针对农户的公开的社会信用信息网络方面起主导的作用，通过农户信用信息网络的建立，为村镇银行提供较完整的农户信用信息，以此减少村镇银行与农户间的信息不对称问题，促进农户小额信贷的发展。

当然，在促进经济发展中，政府具有不可推卸的责任，包括向农村人口提供有效的金融服务，进而促进农业经济、农村经济社会的发展，都是政府必须履行的职责。政府在村镇银行小额信用发展中作用的发挥，正是体现了政府这一必要的经济职能。

（2）作为业务运作的主体，村镇银行在其中的利益机制主要来自行政和经济两方面的激励。银监会实行的诸多优惠政策，使得来自行政的激励是显而易见的。而且，从长期的发展来看，村镇银行也将获得经济利益。①事实上，小额信贷具有相当大的市场需求空间。巨大的市场需求带来巨大的利润，国外成功的小额信贷实践已经表明了其利润所在。②足以弥补操作成本并获利的利率水平是村镇银行开展小额信贷业务经济激励的核心。2008 年 5 月，中国人民银行和银监会发布通知，从存款准备金管理、存贷款利率管理等八个方面明确了村镇银行、贷款公司、农村资金互助社、小额贷款公司四类农村金融机构的相关政策。其中规定村镇银行的存款准备金率比照当地农村信用社执行。四类机构的贷款利率下限为中国人民银行公布的同期同档次贷款基准利率的 0.9 倍。随着金融机构存贷款利率市场化的不断推进，村镇银行贷款利率的制定逐步实现了科学化、合理化。③小额信贷较高的偿还率将对村镇银行开展业务产生激励。

（3）从农户角度考虑，作为小额信贷的服务对象，农户获得的利益也将是显而易见。①农户小额信贷的开展将使农户获得信贷资金的能力有根本性的改善，长期以来，对于发展经济中的农户而言，资金始终是其生产的“短边”要素，虽然各国政府始终将向农村人口提供金融服务视为自己的重要职责之一，但如何有效地实现这一目标却缺乏良策（李人庆，2000）[141]。②农户的金融需求将得到重视。事实上，在我国农村金融领域中，从农村金融发展的主体与参与者（包括国家中央政府/地方政府、金融机构和农民）的地位来看，农民处于最为劣势的地位，因此农户的信贷需求长期以来被忽视，农户的金融需求长期以来也被忽视，或者“总是在其他各方的要求满足之前的借口或满足之后的副产品”（李人庆 等，2000）[142]。而村镇银行的成立表明农户的金融需求将逐步得到重视。

从上述的分析可知，在村镇银行农户小额信贷的开展中，无论是政府、村镇银行、农户，都是其中利益相关的主体，政府出于负有促进农村经济、金融发展的职责，引导推动着村镇银行小额信贷的发展；村镇银行作为运行的主体，出于机构发展和追求利润的考虑，将着眼于业务的发展与创新；农户作为小额信贷业务服务的对象，小额信贷的开展将使其获得切实的收益。正是三者之间存在的利益关系推动村镇银行小额信贷的发展。相反，如果三者之间的关系不协调，就会直接影响农户的生产生活，进而影响农村经济的发展。正如以上分析，村镇银行在信贷供给过程中出于交易成本和风险等诸多因素的考虑，贷款供给发生偏移，使得农户小额信贷需求受到抑制。信贷约束使得农户寻求其他的融资渠道，加之农民对贷款的有效需求不足，又引起村镇银行资金利用率下降，自我发展的能力进一步减弱。因此，农户小额信贷效率的提高有赖于政府、村镇银行和农户三者之间利益互动机制的协调与完善。

结论

1. 研究结论

基于信贷需求与信贷供给的分析框架，本书采用问卷调查的方式，实证研究了仪陇县、西峰区和固阳县三个地区农户参与村镇银行信贷的行为，经过分析得出以下结论：

第一，村镇银行小额信贷的市场效率不高，主要表现在村镇银行对农户小额信贷需求的满足能力较弱、村镇银行剔除经营风险的能力较差和村镇银行小额信贷交易成本较高。

（1）村镇银行对农户小额信贷需求的满足能力较弱主要是由于：

首先，农村地区的经济结构已发生重大转变，大部分农户的经济活动主要以外出务工为主，其家庭收入主要来自务工工资，通常对生产性信贷没有需求，样本地区不同层次的农户对消费性贷款的需求上升。然而，村镇银行忽视农户信贷需求的变化，一味提供小规模的、短期的生产性贷款产品。

其次，村镇银行现有的信贷政策、贷款产品以及贷款程序抑制了农户对村镇银行信贷的需求，如交易费用与村镇银行要求提供足额的抵押品阻碍了农户信贷需求的实现，很多具有潜在信贷需求和隐藏信贷需求的农户提前实施自我配给。

此外，村镇银行在决定是否发放贷款时，主要考察农户的固定资产和非农经营收入占总收入的比例，那些没有固定资产或较小规模固定资产以及非农经营收入水平低的农户获得村镇银行贷款的概率较小，而这些农户恰恰就是贷款需求最强烈的群体。

（2）村镇银行剔除经营风险的能力较差，主要是由于甄别客户、发放贷款和监督还款均由信贷员完成，他们通常根据自己所掌握的借款申请人的有关信息来决定是否放贷，这种主观判断的方式使得村镇银行小额信贷的风险难以度量和控制。

（3）村镇银行小额信贷交易成本较高主要是由于，小额贷款零星、分散，加之村镇银行缺乏规模效应，使得其开展小额信贷的运营成本较高。

第二，村镇银行的经营效率较低，主要表现在村镇银行盈利水平较低、持续发展能力不强和村镇银行小额信贷风险水平较高。

（1）村镇银行盈利水平较低、持续发展能力不强，主要是由于工资性收入降低了农户对村镇银行信贷的需求，农户的信贷需求不足和村镇银行信贷供给发生偏移错综复杂地交织在一起，使得村镇银行的盈利水平低，不能实现可持续发展。

（2）村镇银行小额信贷风险水平较高主要是由于：

首先，村镇银行的实际瞄准目标已从贫困户向富裕户移动。从需求方面来看，目标上移是因为很多农户对村镇银行的信贷产品需求不足，而一些先富裕起来的农户存在较强的非农生产信贷需求。从供给方面来看，目标上移是由于在可持续发展的压力下，村镇银行倾向于把贷款发放给有非农经营项目和可以按时分期还款的农户。富裕农户大都进行非农业性经营，其经营项目容易受市场风险和经营环境的影响，一旦这些项目经营不当，极容易出现小额信贷还款逾期甚至永远不能偿还的情况。

其次，政府的金融监管措施缺少更为具体的配套管理办法。

2. 相关的政策建议

以上研究结论对于构建可持续农村金融体系，完善农村金融体制改革和促进村镇银行发展具有重要的指导意义，具体的政策含义有如下几点：

第一，基于农村地区大部分农户以消费性信贷需求以为主、缺乏生产性信贷需求的现状，继续推行农业补贴信贷政策，尤其是发放一年期小金额的农业生产贷款的传统做法是行不通的。未来的我国农村金融政策不能再囿于旧有的思维框架，需要针对农村经济社会结构发生重大转变的背景做出相应的调整。改革焦点应该由支持小规模经营项目的农户生产性贷款转向农户消费性贷款来设计和开发。

第二，同样基于上述判断，笔者认为，村镇银行应适时改变小规模的、短期的生产性贷款产品的产品结构，开发消费性贷款产品可谓迫在眉睫，村镇银行需要扩大贷款范围尤其是增加消费贷款的种类，积极探索农户消费性贷款的发放方式，满足农户在婚丧嫁娶、建房、医疗等支出活动方面融资需要的同时，更加注重帮助他们利用金融市场平滑消费、减小逆向打击的负面影响，进而提高他们的人力资本投资水平。基于工资性收入设计和发放非生产性贷款将成为未来村镇银行面临的重大机遇与挑战。当然，对农户消费性贷款的强调并不否认农村地区某些农户对生产性贷款有需求，村镇银行也应该对此提供相应的贷款。即村镇银行应该针对不同地区农户信贷需求的差别，采取和使用差异化的金融政策和贷款产品，从而更有效地提高村镇银行在当地的运行效率。

第三，由于村镇银行提供的贷款产品和贷款程序在一定程度上抑制了农户的信贷需求，因此，改进村镇银行的贷款产品、技术和方式有助于进一步挖掘、释放潜在的和隐藏的信贷需求。村镇银行改革还需要在技术、组织与制度方面进行创新，以降低阻碍贷款交易正常进行的交易费用，其中，建立村镇银行内部有效的激励和监督机制在转型时期显得尤为重要。

第四，就本次调研的三家村镇银行而言，已有的信贷政策没有取得预期效果的重要原因是忽视了农户信贷需求的变化。村镇银行应该针对农户信贷需求的新变化做出相应的调整，农村地区的劳动力转移和农户福利水平的提高将是未来关注的焦点。对广大农户而言，提供更好的教育、医疗和社会保障方面的基本服务对增强他们的还款能力所依赖的就业能力和投资能力显得尤为重要。

此外，完善转型时期农村地区的农村金融体系，不但需要从农村信贷市场内部做进一步的完善与改革，而且，还需要政府从农村金融市场外部入手推进相关领域的配套改革，其中，最重要的三方面在于：

第一，培育和监管劳动力市场。目前，农村地区大部分农户家庭经济收入主要来自外出务工，其经济活动已发生“质”的变化——从家庭经营活动转变为就业活动。因此，完善劳动力市场，尤其是农民工市场，才是政府农村金融政策和扶贫政策应该“干预”的重点。

第二，推进农村地区的教育、医疗以及社会保障体系方面的配套改革。农村金融改革尤其需要取得公共财政的有力支持。在开发消费性贷款的同时，进一步推进并完善农村教育、医疗和社会保障体系的配套改革，避免再次陷入农村金融财政化的危险境地。

第三，进一步完善司法体系和法律制度。农村地区缺乏有效的合约实施机制是农户信贷需求得不到有效满足的重要原因之一。完善司法体系和法律制度，加大执法力度将有助于降低农村金融市场的交易成本和贷款风险。同时，推动农户信用制度的建立和农村信用环境的改善，增强村镇银行剔除经营风险的能力，降低村镇银行小额信贷运营的风险。

最后，需要说明的是，本书所采用的样本数据来自四川省仪陇县、甘肃省庆阳市西峰区和内蒙古包头市固阳县三个区县的农户典型调查，得出的结论以及在此基础上提出的政策含义是否适用于其他村镇银行所在的地区，还有待进一步研究。

在从事论文写作的过程中，我深切体会到党和政府对“三农”问题、信贷支农的重视和关注，以及农村贷款艰难、农村资金严重短缺对社会主义新农村建设的制约和社会各界强烈的支农呼声，但另一方面我也看到了村镇银行等农村金融机构在商业化、市场化经营和监管部门严格的风险管理要求下，面对风险较高的农村小额信贷市场的无奈。

尽管已经有许多学者对商业化小额信贷问题进行过研究，但多数是就现象而论现象。西方经济学中有比较深入的理论研究，但主要以发达国家完善的市场经济为研究对象。笔者在借鉴农村金融理论的基础上，通过收集大量的相关资料和数据，以发放问卷的形式对村镇银行所在地区的农户进行调查，获取农户有关贷款的第一手数据，准确揭示农户信贷需求和村镇银行信贷供给的特征，同时利用调查获得的定量信息，计量分析农户参与村镇银行信贷的行为，探讨村镇银行小额信贷效率的运行情况。

但是，由于村镇银行建立的时间不长，所以笔者无法对其及农户开展绩效评价。面对诸如村镇银行之类不断涌现出来的新型农村金融机构，还需要更长的时间去考察，才能做出更加客观、有意义的论断。此外，有关村镇银行进一步的研究，笔者将继续关注。由于农户信贷需求及农村金融市场的复杂性和笔者知识有限，本书中定有许多不当或不完善之处，恳请批评指正。

参考文献

[1] 张元红，李静. 从合作基金会事件看中国农村金融改革与发展 [J]. 中国农村经济，2002 (2)：51-52.

[2] Adams D. W., Nehman G. I. Borrowing Costs and the Demand for Rural Credit [J]. Journal of Development Studies, 1979, 15 (2): 165-176.

[3] Jacob Y., Benjamin Jr M. P., Piprek G. L. Rural Finance: Issues, Designs, and Best Practices [EB/OL]. (1997-09-12) [2007-11-10]. http://www.world bank/neudcipapers.doc.

[4] Jacob Y., Benjamin Jr M. P., Charitonenko S. Promoting Efficient Rural Financial Intermediation [J]. The World Bank Research Observer, 1998 (1): 572-575.

[5] Chan Y. S., Thakor A. V. Collateral and Competitive Equilibria with Moral Hazard and Private Information [J]. The Journal of Finance, 1987, 42 (2): 345-363.

[6] Robert K. G., Levine R. Finance, Entrepreneurship, and Growth: Theory and Evidence [J]. Journal of Monetary Economics, 1993, 32 (3): 513 -542.

[7] William E. How Much Do Distortions Affect Growth? [J]. Journal of Monetary Economics, 1993, 32 (4): 187-212.

[8] Rutherford S. The Poor and Their Money: An Essay About Financial

Services for Poor People [EB/OL]. (1999-10-17) [2007-12-11]. http://www.undp.org/stm/MlicroSave/rutherford.doc.

[9] Bell C., Srinivasan T. N., Udry C. Rationing, Spillover, and Interlinking in Credit Markets: The Case of Rural Punjab [J]. Oxford Economic Papers, New Series, 1997, 49 (4): 557-585.

[10] Ross L. Financial Development and Economic Growth: View and Agenda [J]. Journal of Economic Literature, 1997, 35 (2): 688-726.

[11] Petrick M. Empirical Measurement of Credit Rationing in Agriculture: A Methodological Survey [J]. Agricultural Economics, 2005, 33 (2): 191-203.

[12] 魏农建. 政府经济作用定位的分析 [J]. 上海经济研究, 2002 (3): 70-73.

[13] 陈锡文. 资源配置与中国农村发展 [J]. 中国农村经济, 2004 (1): 10-19.

[14] Stiglitz, J. E. Peer Monitoring and Credit Markets [J]. The World Bank Review, 1990, 4 (3): 351-366.

[15] Besley T., Coate S. Group Lending, Repayment Incentives and Social Collateral [J]. Journal of Development Economics, 1995, 46 (1): 1-18.

[16] Kurmanalieva E., Montgomery H., Weiss J. Microfinance and Poverty Reduction in Asia: What Is the Evidence? [EB/OL]. (2003-12-05) [2007-12-03]. http://www.ADB institute/paper.doc.

[17] 乔安娜·雷格伍德. 小额金融信贷手册——金融业和公司运作的透视与展望 [M]. 北京: 中华工商联合出版社, 2000: 84.

[18] Stiglitz J., Weiss A. Credit Rationing in Markets with Imperfect Information [J]. American Economic Review, 1981, 71 (3): 72-75.

[19] Binswanger H. P., Rosenzweig M. R. Behavioral and Material Determinants of Production Relations in Agriculture [J]. Journal of Development Studies, 1997, 22 (3): 503-537.

[20] Townsend R. M. Optimal Contracts and Competitive Markets with Costly State Verification [J]. Journal of Economic Theory, 2003, 21 (2): 265-293.

[21] Moffitt R. Program Evaluation with Non-experimental Data [J]. Evaluation Review, 2000, 15 (3): 291-314.

[22] Duca J. V., Rosenthal S. S. Borrowing Constraints, Household Debt and Racial Discrimination in Loan Markets [J]. Journal of Financial Intermediation, 2000, 3 (1): 77-103.

[23] Morduch J. The Microfinance Promise [J]. Journal of Economic Literature 1999, 37 (4): 1569-1614.

[24] Varian H. R. Monitoring Agents with Other Agents [J]. Journal of Institutional and Theoretical Economics, 1990, 20 (1): 153-174.

[25] Wenner M. D. Group Credit: A Means to Improve Information Transfer and Loan Repayment Performance [J]. The Journal of Development Studies, 1995, 32 (2): 263-281.

[26] Reinke J. Does Solidarity Pay? The Case of the Small Enterprise Foundation, South Africa [J]. Development and Change, 1998, 29 (3): 553-576.

[27] Banerjee A. V., Besley T., Guinnane T. W. The Neighbor's Keeper: The Design of a Credit Cooperative with Theory and a Test [J]. The Quarterly Journal of Economics, 1994, 109 (2): 491-515.

[28] Barham B. L., Boucher S., Carter M. R. Credit Constraints, Credit Unions, and Small-Scale Producers in Guatemala [J]. World Devel-

opment, 1996, 24 (5): 793-806.

[29] Zeller M. Determinants of Credit Rationing: A Study of Informal Lenders and Formal Credit Groups in Madagascar [J]. World Development, 1994, 22 (12): 1895-1907.

[30] Mushinski D. An Analysis of Offer Functions of Banks and Credit Unions in Guatemala [J]. Journal of Development Studies, 1999, 36 (2): 88-112.

[31] Stanton J. Wealth and Rural Credit Among Farmers in Mexico: Is Market Participation Consistent with Targeting? [A] // Zeller M., Meyer R. L. The Triangle of Microfinance Financial Sustainability, Outreach, and Impact [C]. Baltimore: Johns Hopkins University Press, 2002: 69-95.

[32] Okurut F. N., Schoombee A., Van Der Berg S. Credit Demand and Credit Rationing in the Informal Financial Sector in Uganda [J]. South African Journal of Economics, 2005, 73 (3): 482-497.

[33] Duong P. B., Izumida Y. Rural Development Finance in Vietnam: A Microeconometric Analysis of Household Surveys [J]. World Development, 2002, 30 (2): 319-335.

[34] Alexander G. An Empirical Analysis of Microfinance: Who Are the Clients? [EB/OL]. (2001-05-07) [2007-10-29]. http://www.bu.edu/econ/ied/neudcipapers/alexander-paper.doc.

[35] 何广文. 中国农村金融供求特征及均衡供求的路径选择 [J]. 中国农村经济, 2001 (10): 52.

[36] 吴国宝. 中国小额信贷政策 [A]. 联合国开发计划属驻华代表处政策和宣传文集 [C]. 北京: 社会科学文献出版社, 2003: 252-257.

[37] 汤敏. 从国外经验看中国当前农村信用社小额信贷的发展问

题［J］. 中国审计，2003（8）：30.

［38］陈浪南，谢清河. 中国小额信贷研究［J］. 农业经济问题，2002（3）：37-39.

［39］应宜逊，黄震宇，徐永良. 我国小额农贷体制的特点及改进思路［J］. 金融研究，2005（5）：70-72.

［40］何广文. 关注弱势群体，深化我国小额信贷事业的发展［N］. 金融时报，2006-10-26（A1）.

［41］杜晓山，刘文璞. 小额信贷原理及运作［M］. 上海：上海财经大学出版社，2001：72-75.

［42］任常青. 中国非政府组织小额信贷机构制度安排的症结与出路［J］. 林业与社会，2006（5）：51.

［43］刘大耕. 小额信贷必须走持续发展之路［J］. 中国农村信用合作，1999（12）：52-57.

［44］郭利华，贾利军. 商业性小额信贷试点：优势与制约［J］. 北方经济，2007（3）：81-82.

［45］刘春梅. 商业性小额信贷之鉴：小额农贷的尴尬和困境［J］. 金融理论与实践，2007（3）：58-60.

［46］钱水土，乐韵. 中国小额信贷商业化可持续发展的经济学分析［J］. 金融理论与实践，2007（5）：3-6.

［47］贾峤，杨恒，兰庆高. 我国商业性小额信贷可持续发展的思考［J］. 经济问题，2007（11）：93-95.

［48］冯素萍，肖诗顺. 基于商业性可持续发展视角的农村信用社农户小额信贷定价问题探讨［J］. 农村经济与科技，2008（1）：75-76.

［49］杨速炎. 村镇银行破冰启航［J］. 西部论丛，2007（4）：39-41.

［50］李莉莉. 村镇银行促农村金融发展［J］. 农村金融，2007

(5): 103-104.

[51] 林俊国. 我国发展村镇银行的机遇和挑战 [J]. 商业时代, 2007 (18): 67-68.

[52] 刘渝阳. 农村金融的模式选择与运营绩效——中国首家村镇银行试点情况调查 [J]. 西南金融, 2007 (10): 30-32.

[53] 郭沛. 中国贫困农户小额信贷研究 [J]. 社会科学, 2001 (1): 7-11.

[54] 汪三贵, 朴之水, 李莹星. 贫困农户信贷资金的供给与需求 [C] //中国农业科学院农业经济研究所. 2001 年农业经济与科技发展研究. 北京: 中国农业出版社, 2001: 77-110, 292-293.

[55] Li Hongbin, Roselle, S., Zhang Linxiu. Micro-Credit Programs and Off-Farm Migration in China [J]. Pacific Economic Review, 2004, 9 (3): 209-223.

[56] 孙若梅. 小额信贷与农民收入——理论与来自扶贫合作社的经验数据 [M]. 北京: 中国经济出版社, 2006: 196-207.

[57] 邹洋. 从委托代理看新制度经济理论的应用 [J]. 成都大学学报 (社会科学版), 2007 (2): 26-28.

[58] 王小芳, 管锡展. 多委托代理关系——共同代理理论及其最新进展 [J]. 外国经济管理, 2004, 26 (10): 10-14, 30.

[59] 王艳, 段近东. 基于委托-代理理论的借款者还款的权衡机制探悉 [J]. 江苏社会科学, 2006 (10): 17-18.

[60] 戴中亮. 委托代理理论 [J]. 商业研究, 2004 (19): 98-100.

[61] 刘有贵, 蒋年华. 委托代理理论 [J]. 学术界, 2006 (1): 69-78.

[62] 邓毅, 熊鹰. 委托代理理论与政府采购 [J]. 中国政府采购,

2007（12）：66-69.

[63] 林红玲. 西方制度变迁理论 [J]. 社会科学辑刊，2001（1）：76-80.

[64] 马广奇. 制度变迁理论：述评与启示 [J]. 生产力研究，2005（7）：225-230.

[65] 道格纳斯·C.诺斯. 制度，制度变迁与经济绩效 [M]. 刘守英，译. 上海：上海三联书店，1994：1-10.

[66] 张广利，桂勇. 社会资本：渊源·理论·局限 [J]. 河北学刊，2003，23（3）：17-22.

[67] 陈柳钦. 社会资本及其主要研究观点 [J]. 东方论坛，2007（3）：84-91，121.

[68] 吴国宝. 扶贫模式研究：中国小额信贷扶贫研究 [M]. 北京：中国经济出版社，2001：1-9.

[69] 王卓. 低收入人口的信贷需求与供给分析 [J]. 财经科学，2000（5）：20-21.

[70] 杜晓山. 农村金融体系框架、农村信用社改革和小额信贷 [J]. 中国农村经济，2002（8）：21-25.

[71] 何安耐，胡必亮. 农村金融与发展——综合分析、案例调查与培训手册 [M]. 北京：经济科学出版社，2000：2-5.

[72] 张元红. 当代农村金融发展的理论与实践 [M]. 南昌：江西人民出版社，2002：90-92.

[73] 国家统计局农村调查社会经济调查总队. 中国农村贫困监测调查报告（2005）[M]. 北京：中国统计出版社，2005：27.

[74] 何广文. 农户小额信用贷款的制度绩效、问题及对策 [J]. 中国农村信用合作，2002（11）：57-59.

[75] 苏存，李杨. 微观金融的困境：对农村信用社定位问题的思

考［J］. 金融研究，2001（9）：61-65.

［76］国家统计局农村调查社会经济调查总队. 中国农村贫困监测调查报告（2003）［M］. 北京：中国统计出版社，2003：80-82.

［77］田力，汤敏，陈凡，等. 中国农村金融融量问题研究［J］. 金融研究，2004（3）：125-135.

［78］史清华，陈凯. 欠发达地区农民借贷行为的实证分析——山西745户农民家庭的借贷行为的调查［J］. 农业经济问题，2002（10）：29-35.

［79］霍学喜，屈小博. 西部传统农业区域农户资金借贷需求与供给分析——对陕西渭北地区农户资金借贷的调查与思考［J］. 中国农村经济，2005（8）：58-67.

［80］曹力群. 当前我国农村金融市场主体行为研究［J］. 金融论坛，2001（5）：6-11，33.

［81］温铁军. 农户信用与民间借贷研究——农户信用与民间借贷课题主报告［EB/OL］.（2017-07-02）［2007-11-15］. http://web.cenet.org.cn/upfile/57384.doc.

［82］袁立华. 我国农户资金供求分析［J］. 江苏商论，2005（6）：125-126.

［83］张杰. 中国农村金融制度：结构、变迁与政策［M］. 北京：中国人民大学出版社，2003：79，311-338.

［84］颜志杰，张林秀，张兵. 中国农户信贷特征及其影响因素分析［J］. 农业技术经济，2005（4）：2-8.

［85］周脉伏，徐进前. 信息成本、不完全契约与农村金融机构设置——从农户融资视角的分析［J］. 中国农村观察，2004（5）：38-43.

［86］王永龙. 中国农业转型发展的金融支持研究［M］. 北京：中国农业出版社，2004：1-8.

[87] 唐仁健. 农村小额信贷问题 [C] //编写组. 农业国际投资论坛论文集. 北京：社会科学文献出版社，2004：61-65.

[88] 曹力群. 中国农村金融的运行：特征与问题 [J]. 市场农业经济，2000 (8)：10-15.

[89] 赵怡. 以“三农”为主导，以制度为核心，重构农村投融资体系——重庆市农村投融资情况调查及建议 [J]. 金融参考，2005 (10)：11-19.

[90] 何广文. 从农村居民借贷行为看农村金融抑制与金融深化 [J]. 中国农村经济，2003 (10)：5.

[91] 孙天琦. 小额信贷扶贫成功的商洛模式及对农村金融发展的启示 [J]. 农业经济问题，2001 (4)：70-72.

[92] 徐忠，程恩江. 利率政策、农村金融机构行为与农村信贷短缺 [J]. 金融研究，2004 (12)：25-27.

[93] 杨颖. 新信用政策对中国农村信用体系改革的启示 [J]. 常州技术师范学院学报，2000 (9)：52-59.

[94] 冯兴元，何梦笔，何广文. 试论中国农村金融组织机构的多元化 [C] //中国社会科学院农村发展研究所. 中国农村发展研究报告. 北京：社会科学文献出版社，2004：80-105.

[95] 岳希明，李实. 中国农村扶贫项目的目标瞄准分析 [C] //张曙光，邓正来. 中国社会科学评论：第 2 卷. 北京：法律出版社，2006：1-20.

[96] 张杰，谢晓雪，张淑敏. 中国农村金融服务：金融需求与制度供给 [J]. 货币金融评论，2005 (4)：6-25.

[97] 何广文，李莉莉，冯兴元，等. 中国农村金融发展与制度变迁 [M]. 北京：中国财政经济出版社，2005：2.

[98] 张杰. 中国体制外增长中的金融安排 [J]. 经济学家，1999

(2): 15-17.

[99] 杨家才. 农户小额信用贷款实证研究 [J]. 金融研究, 2003 (3): 86-97.

[100] 周立. 农村金融供求失衡与政策调整——广东东莞、惠州、梅州调查 [J]. 农业经济问题, 2005 (7): 15-20.

[101] 汪三贵. 中国小额信贷可持续发展的障碍和前景 [J]. 农业经济问题, 2000 (12): 52-57.

[102] 李莉莉. 欠发达地区农村金融的困境: 供给视角的探讨 [C] //谢元态, 翁贞林. 统筹城乡发展深化农村改革——2004 年中国青年农业经济学者年会论文集. 北京: 中国农业出版社, 2004: 238-2410.

[103] 温涛, 王煌宇. 政府主导的农业信贷、财政支农模式的经济效应——基于中国 1952—2002 年的经验验证 [J]. 中国农村经济, 2005 (10): 18-27.

[104] 盛来运. 农民收入增长格局的变动趋势分析 [J]. 中国农村经济, 2005 (5): 21-25.

[105] 谢平, 徐忠. 公共财政、金融支农与农村金融改革——基于贵州省及其样本县的调查分析 [J]. 经济研究, 2006 (4): 106-114.

[106] 谢平. 中国农村信用合作社体制改革的争论 [J]. 金融研究, 2001 (1): 1-13.

[107] 王景富. 农村信用社推广农户小额信用贷款的实证研究 [J]. 金融研究, 2007 (2): 32-39.

[108] 喻国华. 谈农户小额信贷 [J]. 经营与管理, 2005 (7): 32-33.

[109] Iqbal F. The Demand and Supply of Funds Among Agricultural Households in India, in Agricultural Household Model: Application and Policy [M]. Baltimore and London: World Bank Publication, John Hopkins University Press, 1986: 183-205.

[110] 威廉·H.格林. 计量经济分析 [M]. 北京：中国人民大学出版社，2007：80-89，416.

[111] J.M.伍德里奇. 计量经济学导论：现代观点 [M]. 北京：中国人民大学出版社，2003：476，505.

[112] Poirier D. Partial Observability in Bivariate Probit Models [J]. Journal of Econometrics, 1980, 12 (2): 209-217.

[113] Rothenberg T. Identification in Parametric Models [J]. Econometrica, 1971, 39 (3): 577-591.

[114] 朱喜，李子奈. 我国农村正式金融机构对农户的信贷配给——一个联立离散选择模型的实证分析 [J]. 数量经济与技术经济研究，2006 (3): 37-49.

[115] Pal S. Household Sectoral Choice and Effective Demand for Rural Credit in India [J]. Applied Economics, 2002, 34 (14): 1743-1755.

[116] 李锐. 中国农村金融问题研究——基于微观计量模型的政策分析 [M]. 北京：中国财政经济出版社，2007：23-49.

[117] Chaves R. A. Financial Markets, Credit Constraints, and Investment in Rural Romania [EB/OL]. (2001-04-15) [2008-01-29]. http://www.world bank/econ/ied/neudcipapers/olexander-paper.doc.

[118] Kochar A. An Empirical Investigation of Rationing Constraint in Rural Credit Markets in India [J]. Journal of Development Economics, 1997, 53 (2): 339-371.

[119] Feder G., Lau L. J., Lin J. Y., et al. The Relationship Between Credit and Productivity in Chinese Agriculture: A Microeconomic Model of Disequilibrium [J]. American Journal of Agricultural Economics, 1990, 72 (2): 1151-1157.

[120] Diagne A., Zeller M., Sharma M. Empirical Measurements of

Households' Access to Credit and Credit Constraints in Developing Countries: Methodological Issues and Evidence [EB/OL]. (2000-03-27) [2007-10-11]. http://www. International food policy research institute/food comsumption and nutrition division/paper.doc.

[121] 温铁军. 重新解读我国农村的制度变迁 [J]. 中国国情国力，2000 (4): 35-36.

[122] 张曙光. 中国制度变迁的案例分析 [M]. 北京：中国财政经济出版社，1999: 17-19.

[123] 邓大才. 需求诱导性制度变迁与农村民间金融的制度化 [J]. 人文杂志，2004 (5): 81-86.

[124] 张建军. 正规金融机构退出后的信贷市场研究：广东省恩平市个案分析 [J]. 金融研究，2003 (7): 129-136.

[125] 苑德军. 民间金融：金融体系中不可或缺的部分 [J]. 河南金融管理干部学院学报，2005 (4): 7-12.

[126] 毕继繁，马洪生. 对淄博市农民融资问题的调查 [J]. 金融参考，2005 (1): 64-67.

[127] 李激扬. 农信社——中国农户小额信贷正规化路径选择 [J]. 金融经济，2006 (24): 92-97.

[128] 谢海. 浅析小额信贷的理论与实践 [J]. 农村经济，2005 (12): 25.

[129] 鱼小强. 国际小额信贷的发展趋势 [J]. 农业经济，2005 (3): 7.

[130] 张余文. 中国农村金融发展问题研究 [M]. 北京：经济科学出版社，2005: 97-134.

[131] 张雪春. 政府定位与农村信用社改革 [J]. 金融研究，2006 (6): 109-116.

［132］李喜梅，彭建刚. 经济变迁中的中国农村金融体系：一个从隐功能角度的解释框架［J］. 农业经济问题，2005（10）：51-54.

［133］严瑞珍，刘淑贞. 中国农村金融体系现状与改革建议［J］. 金融与保险，2003（10）：20-21.

［134］姜长石. 乡镇企业融资问题新探［M］. 太原：山西经济出版社，2001：52-57.

［135］林毅夫，李永军. 中小金融机构发展与中小企业融资［J］. 经济研究，2001（1）：9.

［136］赵霜茁. 现代金融监管［M］. 北京：对外经济贸易大学出版社，2004：27-29.

［137］刘敏. 小额贷款：诺奖发现穷人信用的经济意义［N］. 金融时报，2006-10-23（A1）.

［138］杜晓山，孙若梅. 农村小额信贷：国际经验与国内扶贫社试点［J］. 财贸经济，1997（9）：50-51.

［139］范桂汕. 孟加拉国乡村银行获得诺贝尔和平奖对中国新农村建设的启示［J］. 农业经济问题，2007（2）：61-65.

［140］张元红. 新一轮农村信用社改革及其对农村金融发展的影响——重庆案例调查报告［J］. 中国农村观察，2005（4）：91-97.

［141］李人庆. 商州的调查分报告［C］//何安耐，胡必亮. 农村金融与发展——综合分析、案例调查与培训手册. 北京：经济科学出版社，2000：52-59.

［142］李人庆，张军. 农村金融与发展综合分析之一［C］//何安耐，胡必亮. 农村金融与发展——综合分析、案例调查与培训手册. 北京：经济科学出版社，2000：92-95.